www.ingramcontent.com/pod-product-compliance
Lightning Source LLC
LaVergne TN
LVHW020425080526
838202LV00055B/5041
* 9 7 8 8 1 1 9 0 2 2 9 1 5 *

قوس قزح

(مضامین)

ڈاکٹر محمد اسلم فاروقی

© Taemeer Publications
Qous-e-Qazah *(Essays)*
by: Dr. Mohammed Aslam Faroqui
Edition: April '2023
Publisher& Printer:
Taemeer Publications, Hyderabad.

ISBN 978-81-19022-91-5
9 788119 022915

مصنف یا ناشر کی پیشگی اجازت کے بغیر اس کتاب کا کوئی بھی حصہ کسی بھی شکل میں بشمول ویب سائٹ پر اَپ لوڈنگ کے لیے استعمال نہ کیا جائے۔ نیز اس کتاب پر کسی بھی قسم کے تنازع کو نمٹانے کا اختیار صرف حیدرآباد (تلنگانہ) کی عدلیہ کو ہو گا۔

© تعمیر پبلی کیشنز

کتاب	:	**قوسِ قزح** (مضامین)
مصنف	:	**ڈاکٹر محمد اسلم فاروقی**
صنف	:	نثری مضامین
ناشر	:	تعمیر پبلی کیشنز (حیدرآباد، انڈیا)
زیرِ اہتمام	:	تعمیر ویب ڈیولپمنٹ، حیدرآباد
سالِ اشاعت	:	۲۰۲۳ء
تعداد	:	(پرنٹ آن ڈیمانڈ)
صفحات	:	۱۰۲
کمپوزنگ	:	ارشد مبین زبیری، جنید اللہ بیگ
ملنے کے پتے	:	ڈاکٹر محمد اسلم فاروقی، فون:09247191548
		ہمالیہ بک ڈپو، نامپلی، حیدرآباد
		ھدیٰ بک ڈپو، پرانی حویلی، حیدرآباد

انتساب

دادی ماں مرحومہ کے نام !
جن کی دعائیں مجھے زندگی کے ہر موڑ
اور ترقی کے ہر زینے پر اپنی شفقت
کا احساس دلاتی ہیں۔

محمد اسلم فاروقی

فہرست مضامین

1۔تعارف از پروفیسر محمد انورالدین	:	5
2۔اپنی بات	:	8
3۔پانی کی حفاظت کا نظام قدرت	:	13
4۔نمک کی اہمیت	:	19
5۔دودھ ایک مکمل غذا	:	23
6۔تمباکو اور اس کے مضر اثرات	:	28
7۔شہد کی مکھی	:	33
8۔حرام اور حلال جانور	:	37
9۔ پنسلین دوا کی ایجاد	:	42
10۔لاشعاعیں	:	46
11۔صحرائے عرب میں خوشحالی کا راز	:	50
12۔زندگی	:	55
13۔آج	:	59
14۔اور کارواں بنتا گیا	:	64
15۔بچوں کی بہتر نگہداشت	:	71
16۔صحت ایک عظیم نعمت	:	75
17۔آنکھوں کی حفاظت	:	79
18۔بالوں کی دیکھ بھال	:	83
19۔احتیاط علاج سے بہتر	:	86
20۔تدبیریں	:	89
21۔نونہالوں کے لئے بہتر اسکول کا انتخاب	:	93
22۔پیام از جناب زاہد علی خاں	:	صفحہ آخر

(4)

قوس قزح

پروفیسر محمد انورالدین
صدر شعبہ اردو یونیورسٹی آف حیدرآباد

تعارف

تدریس ایک ایسا پیشہ ہے جس میں آئے دن طرح طرح کے شاگردوں سے سابقہ پڑتا رہتا ہے۔ایک استاد کی زندگی میں سینکڑوں طالب علم آتے ہیں۔جو تعلیم حاصل کرنے اور ڈگری لینے کے بعد چلے جاتے ہیں اور ان کی یاد بھی باقی نہیں رہتی لیکن کچھ طالب علم ایسے ہوتے ہیں جو اپنی علمی استعداد' ذہانت' سادگی اور اوصاف حمیدہ کے سبب بہت جلد اپنی پہچان بنا لیتے ہیں اور اپنے علمی کارناموں کے سبب والدین کے ساتھ ساتھ اپنے اساتذہ کا بھی نام روشن کرتے ہیں۔میرے ایسے ہی ایک عزیز شاگرد کا نام محمد اسلم فاروقی ہے۔جنہوں نے محنت و لگن کے ساتھ تعلیم حاصل کرتے ہوئے بہت جلد ترقی کی

راہیں طے کیں۔

محمد اسلم فاروقی کو میں ۱۹۹۰ء سے جانتا ہوں جب کہ انہوں نے یونیورسٹی آف حیدرآباد کے شعبہ اردو میں ایم۔اے۔ میں داخلہ لیا تھا۔ مجھے یاد ہے کہ وہ انٹرنس امتحان میں سرفہرست آئے تھے۔ اور ایم اے امتیازی نشانات سے حاصل کرتے ہوئے گولڈ میڈل حاصل کیا تھا انہوں نے میرے زیر نگرانی ایم فل کا مقالہ لکھا اور اب میری ہی نگرانی میں پی ایچ ڈی کر رہے ہیں۔

یونیورسٹی کے زمانہ طالب علمی سے ہی انہوں نے اپنی علمی و ادبی صلاحیتوں کا اظہار کرنا شروع کر دیا تھا۔ بین جامعاتی ادبی مقابلوں، سمپوزیم اور سمیناروں میں بڑھ چڑھ کر حصہ لیتے رہے۔ اور آگے چل کر مختلف موضوعات پر معلوماتی مضامین لکھنے لگے۔

رسائل کے مقابلے میں اخبارات ترسیل کا اہم ذریعہ ہوتے ہیں۔ اس طرح اردو داں قارئین کے حلقوں میں محمد اسلم فاروقی اپنی شناخت بنانے لگے۔ اخبار ''سیاست'' برصغیر کا ایک نمائندہ اردو اخبار ہے۔ اس اخبار میں محمد اسلم فاروقی کے مضامین کی اشاعت ان کی علمی استعداد کی دلیل ہے۔ لوگ اکثر اپنا تخلیقی سفر شاعری یا افسانہ نگاری سے شروع کرتے ہیں۔ مگر محمد اسلم فاروقی نے قلم کو خدا کی دی ہوئی امانت سمجھا۔ اور اسے معلوماتی و اصلاحی مضامین لکھنے کے لئے وقف کر دیا۔ مشاہدہ ہے کہ بارش کے قطرے بلا کسی تفریق سبھی کو یکساں طور پر سیراب کرتے ہیں۔ اسی طرح محمد اسلم فاروقی کے یہ معلوماتی مضامین ہر خاص و عام کو مستفید کرتے ہیں ان مضامین کی خاص بات یہ ہے کہ ان میں سائنسی، مذہبی، ادبی اور معلوماتی پہلو یکجا ہیں۔ چاہے وہ شہد

کی مکھی کا ذکر ہو یا نمک کا پانی کے ذکر' یا دودھ کا قرآنی آیات کا حوالہ' احادیث کے ذریعہ مفہوم کی تشریح اور رواں اسلوب کے ذریعہ ادبی چاشنی موضوعات کی عمومیت کے باوجود قارئین کی دلچسپی کا سامان رکھتی ہیں ۔ مضامین آج زندگی اور کارواں بنتا گیا میں حرکت وعمل کا پیغام ہے ۔صحت عامہ سے متعلق مضامین افادیت کے حامل ہیں ۔ محمد اسلم فاروقی کے مضامین کا یہ پہلا مجموعہ ''قوس قزح کے نام سے منظر عام پر آرہا ہے امید ہے کہ اسے ضرور پسند کیا جائے گا۔ میں فاضل مصنف کو ان کی پہلی کتاب کی اشاعت پر دلی مبارکباد دیتے ہوئے یہ مشورہ دوں گا کہ وہ ادبی مضامین کی طرف بھی توجہ کریں ۔اس موقع پر میں اردو اکیڈیمی آندھراپردیش کو مبارک باد دیتا ہوں کہ وہ نئے لکھنے والوں کی کتابوں کی اشاعت میں مالی تعاون کرتے ہوئے فروغ اردو کی خدمت انجام دے رہی ہے ۔ اور ابھرتے قلم کاروں کی حوصلہ افزائی کر رہی ہے ۔ خدا کرے کارواں اردو کا سفر ترقی کرتا رہے ۔

مجھے قوی امید ہے کہ یہ مجموعہ قارئین میں پسند کی نگاہ سے دیکھا جائے گا اور اسے مقبولیت حاصل ہوگی ۔

پروفیسر محمد انورالدین
صدر شعبہ اردو
یونیورسٹی آف حیدرآباد

۲۰۔اپریل ۲۰۰۵ء

اپنی بات

زندگی خدا کی طرف سے عطا کردہ ایک عظیم نعمت ہے۔ یہ انسان کو عمل کا موقع فراہم کرتی ہے۔ تمام تعریف اس خدا کی جس نے مجھے حیات بخشی، تمام درود وسلام پیغمبر انسانیت حضرت محمد مصطفیٰ ﷺ کی ذات اقدس پر کہ جن کا امتی ہونا میرے لئے سب سے بڑا اعزاز ہے۔ ۱۳۔ ڈسمبر ۱۹۶۹ء کو میں نے نظام آباد کے ایک علمی گھرانے میں آنکھ کھولی دادا اسمٰعیل فاروقی صاحب مرحوم کے بڑے فرزند محمد ایوب فاروقی صابر امپلائمنٹ آفیسر (موظف) میرے والد ہیں میرے نانا داؤد رحمٰن صاحب مرحوم نظام آباد کے نامور تاجر تھے بچپن ہی سے مجھے علمی ماحول ملا۔ نظام آباد اردو کے معاملے میں زرخیز علاقہ ثابت ہوا ہے۔

میں نے وہاں ایس ایس سی تک اردو میڈیم سے تعلیم حاصل کی اور ۱۹۸۵ء میں اعلیٰ تعلیم کے لئے گھر والوں کے ساتھ حیدرآباد کا رخ کیا۔اور انٹر وڈ گری کے بعد حیدرآباد سنٹرل یونیورسٹی سے ایم۔اے اور ایم فل کیا۔اور ان دنوں پی ایچ ڈی کے لئے تحقیقی مقالہ لکھ رہا ہوں اس طرح مجھے فخر ہے کہ میں نے پہلی جماعت سے لے کر پی ایچ ڈی تک اپنی مادری زبان اردو میں تعلیم حاصل کی اور آج بحیثیت لیکچرار اسی زبان کی تدریس سے وابستہ ہوں۔

اردو سے محبت مجھے ورثہ میں ملی۔والد صاحب ایک صاحب دیوان استاد شاعر ہیں۔ان کا ایک شعری مجموعہ ''آخر شب کے ہم نشین'' شائع ہو چکا ہے نظام آباد اور عادل آباد کے اکثر شعراء نے والد صاحب سے اپنے کلام کی اصلاح لی ہے۔یہ خود مشاعرے نہیں پڑھتے اور نہ ہی کلام شائع کرانے کی خواہش رکھتے ہیں چھوٹے چاچا انیس فاروقی ابھرتے ہوئے افسانہ نگار ہیں جن کے افسانوں کے تین مجموعے ''ریزہ ریزہ چاندنی'' ''کرچی کرچی خواب'' اور ''سائباں'' شائع ہو چکے ہیں۔والد صاحب کے ماموں جناب سید واحد علی واحد ڈپٹی کمشنر آف لیبر مہاراشٹرا (موظف) بھی پائے کے شاعر ہیں۔اس طرح شاعری اور نثر نگاری کے ماحول میں میری پرورش ہوئی۔بچپن ہی سے مجھے مطالعہ کا بے حد شوق تھا۔نظام آباد کی لائبریریوں میں اخبارات اور رسائل کا مطالعہ پابندی سے کیا کرتا تھا۔ناولوں میں صرف ابن صفی کے چند ایک ناول پڑھے لیکن بچپن ہی سے روزنامہ سیاست کا قاری رہا ہوں۔مطالعہ کی اس عادت نے مجھے نثر میں اظہار خیال کی طرف مائل کیا۔

تعلیم کی تکمیل کے بعد روزگار کی تلاش میرے لئے مسئلہ نہیں بنی چند ایک عارضی ملازمتوں کے دوران ہی شادی ہوگئی۔خاندان کے بزرگ کہا کرتے تھے کہ شادی

کروگے تو رزق کھلے گا۔ میرے حق میں یہ بات صدفی صد درست ثابت ہوئی۔ ڈی ایس سی امتحان کامیاب کرنے کے بعد گورنمنٹ بوائز ہائی اسکول گولکنڈہ میں بحیثیت اردو پنڈت تقرر رہوا۔ شام کے اوقات میں کچھ کرنے کی غرض سے اردو سے مناسبت کے پیش نظر روز نامہ ہمارا عوام میں بحیثیت سب ایڈیٹر کچھ عرصہ کام کیا میرے استاد محترم پروفیسر انورالدین صاحب صدر شعبہ اردو یونیورسٹی آف حیدرآباد کی ایماء پر روزنامہ سیاست کے منیجنگ ایڈیٹر جناب ظہیرالدین علی خاں سے میرا تعارف ہوا۔ میرا کام دیکھ کر انہوں نے برصغیر کے مشہور اخبار ''سیاست'' میں بحیثیت سب ایڈیٹر میرا تقرر کیا۔ یہ ایک عارضی ملازمت تھی۔ لیکن یہاں مجھے اپنی صلاحیتیں نکھارنے کا بہترین موقع ملا۔ محبوب حسین جگر مرحوم کے تربیت یافتہ صحافیوں جناب شاہد عظیم صاحب و جناب معراج مرزا اور دیگر صحافیوں نے میری رہنمائی کی ''سیاست'' میں دوسال کام کرنے کے بعد کالج سروس کمیشن کے لیکچرارشپ امتحان میں کامیابی حاصل کی اور بحیثیت جونیر لیکچرار اردو میرا تقرر ناگرکرنول ضلع محبوب نگر میں ہوا۔ اور بادل نخواستہ مجھے ''سیاست'' چھوڑنا پڑا لیکن میں نے جناب زاہد علی خان صاحب اور ظہیر صاحب سے وعدہ کیا تھا کہ ''سیاست'' سے اپنی وابستگی جاری رکھوں گا۔ چنانچہ ناگرکرنول میں رہ کر اخبار ''سیاست'' کے مختلف سپلیمنٹ کے لئے مضامین لکھنے لگا۔ جن میں مذہبی صفحہ اور منگل سپلیمنٹ قابل ذکر ہیں۔ میرے سائنسی مضامین پر توجہ دینے کی ایک وجہ یہ بھی ہے کہ منگل سپلیمنٹ میں سائنسی مضامین شائع ہوتے تھے۔ اور اس میں نئے لکھنے والوں کو موقع دیا جاتا تھا۔ چنانچہ اسی سہولت کے پیش نظر سائنسی موضوعات پر میں انگریزی کتابوں سے استفادہ کرتے ہوئے مضامین لکھتا رہا تاہم اس میں تخلیقی عنصر دینے کے لئے میں نے ادبی انداز میں یہ مضامین لکھے اور قرآن و

حدیث کے حوالے سے بھی فطرت میں پائی جانے والی چیزوں جیسے پانی، نمک، شہد، دودھ وغیرہ کے بارے میں معلومات فراہم کیں ۔ مفتی محمد شفیع صاحبؒ کی معارف القران کے مطالعے نے بھی میرے علمی استعداد میں اضافہ کیا ۔ اس طرح زیرنظر کتاب میں شامل میرے یہ مضامین قرآن وحدیث، شعروادب اور سائنس وٹیکنالوجی کا ملا جلا امتزاج رکھتے ہیں ۔ اردو میں اس طرح کا سائنسی ادب شائد کم ہی ہو۔ اس کے لئے میں اپنے رب کا شکر گذار ہوں ۔

''قوس قزح'' کے عنوان سے زیرنظر کتاب روزمرہ سائنسی موضوعات پر مشتمل مضامین کا مجموعہ ہے ۔ چند ایک مضامین اصلاحی نوعیت کے بھی ہیں ۔ اس کتاب میں علمی موضوعات کو سادہ اور سلیس زبان میں تخلیقی عنصر کے ساتھ پیش کیا گیا ہے ۔ کتاب میں شامل مختلف موضوعات کو ایک لڑی میں پرونے والا عنصر ''فطرت'' ہے فطرت اور انسان کا ایک دوسرے سے گہرا تعلق ہے ۔ اور اس کتاب میں شامل سبھی مضامین فطرت اور انسان کے مابین پائے جانے والے رشتہ کو ظاہر کرتے ہیں ۔ مضمون ''پانی کی حفاظت کا نظام قدرت'' فطرت کے ان انتظامات کو ظاہر کرتا ہے ۔ جس کے تحت انسانوں کو محفوظ پانی میسر آتا ہے۔ ''پانی'' آنے والی نسلوں کے لئے سب سے بڑا چیلنج ہوگا۔ اور اس سے نمٹنے کے لئے درکار تدابیر سے آگاہ کیا گیا ہے ۔ نمک اور دودھ سے متعلق مضامین معلوماتی ہونے کے علاوہ افادی پہلو کو اجاگر کرتے ہیں'' تمباکو کے مضر اثرات' مضمون میں انسانیت کو تمباکو سے ہونے والے نقصانات سے آگاہ کیا گیا ہے ۔ پنسلین کی ایجاد اور لاشعاعیں' مضامین دریافت' کھوج اور تلاش وجستجو کی انسانی عادت کو ظاہر کرتے ہیں ۔ ان دریافتوں سے انسان کو ہونے والے اہم فائدوں کی طرف توجہ دلائی گئی ہے ۔ اسی طرح

کتاب کے دیگر مضامین انسان کے افادی پہلوؤں کو اجاگر کرتے ہیں۔ میں امید کرتا ہوں کہ اس کتاب کو پسند کیا جائے گا۔

میں جناب زاہد علی خاں صاحب ایڈیٹر ''سیاست'' کا تہہ دل سے مشکور ہوں کہ انہوں نے اپنی بے پناہ مصروفیات اور ملی خدمات سے وقت نکال کر میری اس کتاب کے لئے ''پیام'' لکھا اور اپنے زرین خیالات سے اس کتاب کی رونق میں اضافہ کیا۔

میں استاد محترم جناب پروفیسر محمد انورالدین صاحب صدر شعبہ اردو کا بھی بے حد مشکور ہوں کہ انہوں نے اپنے ایک شاگرد کی کتاب کے لئے تعارف لکھا۔ اور مجھ ناچیز پر دل کی گہرائی سے اظہار خیال کیا۔

میں اردو اکیڈیمی آندھرا پردیش حیدرآباد کا بھی شکر گذار ہوں کہ اس نے اس کتاب کی اشاعت کے سلسلے میں جزوی مالی اعانت کی۔ اکیڈیمی کا یہ اقدام لائق ستائش ہے۔

آخر میں اپنے احباب خاندان والد صاحب و والدہ بڑے بھائی جناب احسن فاروقی اسسٹنٹ پروفیسر نظامیہ طبی کالج چار مینار' چاچاؤں جناب محمد اصغر فاروقی پرنسپل آئی ٹی آئی (موظف) جناب محمد اظہر فاروقی لکچرار پالی ٹیکنیک (موظف) جناب امجد فاروقی محکمہ ریلوے (موظف) انیس فاروقی زونل منیجر (انجینئرنگ)' ماموؤں جناب سید لیاقت علی انگلینڈ' سید نعمت علی تاجر نظام آباد جناب سید یعقوب علی امریکہ خسر جناب سید اکرام علی ایڈمنسٹریٹو آفیسر (موظف) بہنوں بہنوائیوں جناب شیخ خواجہ میاں صاحب میکانیکل انجینئر جناب محمد ایوب خان صاحب تاجر' جناب عزیز صدیقی صاحب مدرس عزیز واقارب اور دوست احباب اساتذہ وشاگردوں کا شکر گذار ہوں جنھوں نے اس کتاب کی اشاعت میں میرے لئے نیک تمناؤں کا اظہار کیا اس کتاب کی خامیوں سے

قطع نظر اس کے افادی پہلوؤں کو مدنظر رکھا جائے تو یہی میری محنت کا صلہ ہوگا۔

محمد اسلم فاروقی
معراج کالونی ٹولی چوکی
حیدرآباد

۲۰۔اپریل ۲۰۰۵ء

پانی کی حفاظت کا نظام قدرت

خالق کائنات نے انسان کو پیدا کرنے کے بعد اسے بے شمار نعمتوں سے سرفراز کیا تا کہ انسان ان نعمتوں سے استفادہ کرتے ہوئے اپنی زندگی پرسکون انداز میں بسر کرے اور ان نعمتوں کے عطا کرنے والے رب کا شکر گذار بندہ بنے انسان کو حاصل ہونے والی بے شمار نعمتوں میں ایک نعمت پانی ہے۔ایک لحاظ سے انسان کی سب سے اہم ضرورت پانی ہے۔ پانی نہ صرف انسان کے پینے کے کام آتا ہے بلکہ اس کی غذائی اجناس کی پیداوار میں معاون ہوتا ہے۔ پانی سے انسان اپنے جسم کی اپنے گھر اور ماحول کی گندگی کو دور کرتا ہے۔ پانی انسان کو سال کے بارہ مہینے درکار ہوتا ہے جب کہ پانی کے حصول کا

قوس قزح

اہم ذریعہ یعنی بارش سال کے مخصوص ایام میں مخصوص مقامات پر ہوتی ہے۔ چنانچہ قدرت نے انسان کی اس اہم ضرورت کی حفاظت کا انتظام بھی فرما دیا۔ انسانی زندگی کے لئے اہم چیزیں جیسے ہوا، پانی اور روشنی کو خدا نے وافر مقدار میں اور مفت فراہم کیا ہے۔ یہ خدا کی حکمت ہے کہ جس چیز کی اہمیت اور ضرورت زیادہ ہے اسے عام کر دیا۔ کرہ ارض کا دو تہائی حصہ سمندروں کی شکل میں ۔ کھارے پانی پر مشتمل ہے۔ راست طور پر یہ کھارا پانی انسان کے لئے قابل استعمال نہیں لیکن اس کھارے پانی کے بھی اپنے بہت سے فائدے ہیں اور اسی پانی کے ذریعہ انسان کے لئے ضروری میٹھا پانی حاصل ہوتا ہے۔ کھارے پانی سے میٹھے پانی کا حصول اس طرح ہوتا ہے۔ کہ شدید گرمی کے سبب سمندر کا پانی بخارات بن کر اوپر فضاء میں اڑ جاتا ہے، پانی کے یہ بخارات بادل کی شکل اختیار کر لیتے ہیں اور ہوا کے زور پر آگے بڑھتے ہیں اور مختلف جغرافیائی عوامل کے سبب ہوا میں درجہ حرارت کم ہونے پر آبی بخارات چھوٹے چھوٹے قطروں میں تبدیل ہو کر بارش کی شکل میں زمین پر گر پڑتے ہیں۔ بارش کا پانی میٹھا ہوتا ہے۔ اور یہ زمین پر بسنے والے انسانوں جانوروں اور پودوں کے لئے راحت و زندگی کا سامان مہیا کرتا ہے۔ سمندر کے پانی کو خدا نے اپنی حکمت سے انتہائی کھارا اور نمکین بنایا ہے اس سے ہزاروں ٹن نمک نکالا جا سکتا ہے۔ کھارے پانی کی یہ خصوصیت ہوتی ہے کہ اس میں چیزیں گل کر بھسم اور فنا ہو جاتی ہیں۔ سمندر چونکہ سطح زمین سے نیچے واقع ہوتے ہیں اس لئے اس میں ندی نالوں کے ذریعہ زمین پر بسنے والے انسانوں اور جانوروں کی گندگی جا گرتی ہے اور یہ گندگی سمندر کے کھارے پن کے سبب گل کر ختم ہو جاتی ہیں۔ سمندر میں خود زمین سے زیادہ مخلوقات پائی جاتی ہیں۔ اور یہ مخلوقات بھی ختم ہو کر سمندر کے پانی میں اس کے کھارے پن کے سبب گل جاتی ہیں۔ اگر سمندر کا پانی میٹھا ہوتا تو ندی نالوں کے ذریعہ اس میں شامل ہونے والی انسانوں کی گندگی اور اس میں موجود

لاکھوں قسم کے جانوروں کے مرنے کے سبب پیدا ہونے والے تعفن کی بدبو اتنی شدید ہوتی کہ خشکی پر رہنے والے انسانوں اور دیگر جانداروں کی تندرستی اور زندگی محال ہو جاتی۔

اس طرح دیکھا جائے تو سمندر کا کھارا پن انسانوں کے حق میں بہتر ہے۔اس کھارے پانی کو نہ پیا جاسکتا ہے اور نہ ہی اس سے پیاس بجھتی ہے۔انسانی مزاج کی اسی فطرت کے پیش نظر قدرت نے کھارے پانی کو میٹھے پانی میں تبدیل کرنے کا نظام چلایا۔ صرف بارش کے ہونے سے انسان کے پانی کا مسئلہ حل نہیں ہو جاتا۔ پانی زندگی کی ایک ایسی ضرورت ہے جو ہر آن اور ہر دن پوری ہونی چاہئے۔انسان کو پانی کی اس مستقل ضرورت کے پیش نظر ہونا تو یہ چاہئے کہ ہر جگہ سال کے بارے مہینے ہر روز بارش ہوا کرتی رہے۔لیکن اس سے موسمی توازن بگڑ جاتا۔انسان کے مزاج کی یہ خصوصیت ہے کہ اسے سردی، گرمی اور بارش متوازن انداز میں ملے۔کسی بھی چیز کی زیادتی اس کے لئے نقصان دہ ثابت ہوتی ہے۔اگر روز بارش ہونے لگے تو انسان کے پانی کا مسئلہ تو حل ہو جائے گا لیکن اس کی دیگر ضروریات کی تکمیل میں روزانہ کی بارش خلل ڈالے گی۔ چنانچہ خدا نے انسان کی اسی ضرورت کے پیش نظر بارش کے لئے ایک خاص موسم مقرر فرمایا۔اب رہا مسئلہ کہ خاص موسم میں ہونے والی بارش کے پانی کو کس طرح محفوظ کیا جائے کہ سال بھر انسان کی پانی کی ضرورت کی تکمیل ہوتی رہے۔اگر برتنوں اور ٹینکوں میں پانی کو جمع کرنا ہوتا تو سات آٹھ مہینوں کے لئے ہر انسان کی ضرورت کے مطابق پانی جمع کرنے کے لئے اسے سینکڑوں ٹینکوں کا استعمال کرنا پڑتا اور انہیں رکھنے کے لئے بہت بڑی جگہ کی ضرورت بھی پڑتی اور یہ مشاہدہ ہے کہ بارش زمین کے ہر حصہ پر متوازن نہیں ہوتی ہے۔کہیں زیادہ تو کہیں کم اور کہیں بالکل نہیں ہوتی ۔ چنانچہ انسان کو پانی بھر بھر کر دور دراز علاقوں تک مشقت سے اٹھا کر لے جانا پڑتا۔انسان کی اس دشواری کے پیش نظر خدا نے بارش کے

پانی کی حفاظت کے مختلف انتظام فرمائے تاکہ دیگر موسموں میں بھی انسانوں اور دیگر جانداروں کوتازہ پانی ان کی ضرورت کے مطابق حاصل ہوسکے۔ بارش کے ذریعہ جو پانی زمین پر برستا ہے اس کا کچھ حصہ تو فوری طور پر درختوں' کھیتوں' جانوروں اورانسانوں کو سیراب کرنے کے کام آتا ہے۔ اور کچھ حصہ زمین کے نشیبی علاقوں میں تالابوں میں اور جھیلوں کی شکل میں جمع ہوجاتا ہےاور کچھ حصہ زمین میں جذب ہوکرمحفوظ ہوجاتا ہے۔ پانی کا ایک بڑاذخیرہ پہاڑوں کی اونچی چوٹیوں پر برفانی تودوں کی شکل میں منجمد ہوجاتا ہے۔ پانی چونکہ ڈھلان کی طرف بہتا ہے چنانچہ اونچی چوٹیوں پر برف کی شکل میں موجود پانی کا ذخیرہ سردی کے علاوہ دیگر موسموں میں پگھل کر بہتا ہوادریاؤں کی شکل اختیار کرلیتا ہے۔ اور زمین کے ڈھلان پر بہہ کرآخر میں انسان کی گندگیوں کو لئے سمندر میں جا گرتا ہے۔ پہاڑوں سے نکلنے والے دریا اپنے ساتھ نہ صرف میٹھا پانی لاتے ہیں بلکہ پانی کے بہاؤ سے مٹی لاتے ہیں جو وہ نہایت زرخیز ہوتی ہے اور اس مٹی سے اچھی کاشت ہوتی ہے ہندوستان میں شمال میں ہمالیہ پہاڑ سے نکلنے والے دریا اور جنوب میں مشرقی ومغربی گھاٹ سے نکلنے والے دریا اپنے ساتھ زرخیز مٹی لاتے ہیں۔اس لئے ہندوستان کے بیشتر علاقوں میں زراعت اچھی ہوتی ہے۔اسی لئے ہندوستان ایک زرعی ملک کہلاتا ہے۔

انسان نے جب ترقی کی تواس نے ضرورت کے مطابق پانی کومحفوظ کرنے کے طریقے بھی سیکھے۔اور ڈھلوان علاقوں میں باندھ بنا کر پانی کومحفوظ کیا اور پانی کے بڑے ذخائر بنا کر چھوٹے چھوٹے کنالوں سے دور دراز علاقوں تک پانی کو پہنچانے اور وہاں زراعت کو عام کرنے میں کامیابی حاصل کی۔انسان کی ایک اہم ضرورت برقی بھی ہے۔ جواسی پانی سے بہت حد تک تکمیل ہوتی ہے۔ بڑے بڑے ذخائر آب کے پاس ڈھلوان جگہ پر برقی ٹربائین لگائے جاتے ہیں اوراوپر سے جب پانی ان ٹربائین پر گرتا ہے تو

ٹربائین گھومنے لگتے ہیں اس سے برقی حاصل ہوتی ہے۔اس طریقہ سے حاصل ہونے والی برقی کو ہائیڈل پاور کہتے ہیں۔عموماً یہ طریقہ کارموسم برسات میں پانی کی فراوانی کے دوران کارآمد رہتا ہے۔پانی کی سطح کم ہوجائے تو اس طریقہ سے بجلی حل نہیں ہوپاتی چنانچہ پانی کو بھاپ بنا کر اس سے حاصل ہونے والی قوت سے جو برقی حاصل ہوتی ہے اسے تھرمل پاور کہتے ہیں۔اس میں پانی کو بڑے پیمانے پر گرم کرنے کے لئے کوئلہ جلایا جاتا ہے۔جو زمین سے نکالا جاتا ہے۔چنانچہ پانی سے حاصل ہونے والی برقی سے انسان اپنی رات کو روشن کرتا ہے اور زندگی کے ہر شعبہ میں اس سے مدد لیتا ہے۔جن علاقوں میں تالاب' جھیل دریا ندی نالے کچھ نہ ہوں وہاں کے لوگوں کی پانی کی ضرورت زمین کی تہہ میں موجود پانی سے ہوتی ہے۔چنانچہ انسان پانی سے تیار ہونے والی برقی سے زمین میں کنویں اور بورویل کھودتا ہے اور تازہ پانی حاصل کرتا ہے۔سائنسی ماہرین کا کہنا ہے کہ کنویں یا بورویل کا پانی جھیل یا تالاب کے پانی سے زیادہ اچھا ہوتا ہے۔زمین میں پائے جانے والے نمکیات شامل ہوجانے کے سبب بعض کنوؤں کا پانی کھارا ہوجاتا ہے۔اسے بھاری پانی کہتے ہیں۔

اس طرح دیکھا جائے تو پانی کی حفاظت اور زمین کے کونے کونے تک آب رسانی کا یہ نظام قدرت اپنے اندر ہزاروں نعمتیں لئے ہوئے ہے۔اول پانی کو پیدا کرنا ایک بڑی نعمت ہے پھر بادلوں کے ذریعہ اس کہ زمین کے ہر خطہ تک پہونچانا دوسری نعمت ہے۔پھر اس کو انسان کے پینے کے قابل بنانا تیسری نعمت ہے۔انسان کو اس کے پینے کا موقع دینا چوتھی نعمت ہے۔پھر اس پانی کو ضرورت کے مطابق محفوظ رکھنا اور قابل استعمال رکھنا پانچویں نعمت ہے۔اس طرح پانی کے بے شمار نعمتیں ہیں پانی نعمت کے ساتھ ساتھ زحمت بھی ہے۔اگر ضرورت سے زیادہ پانی برس جائے تو سیلاب اور طوفان کی شکل اختیار

کرتے ہوئے بہت بڑی تباہی و بربادی کا سامان بن جاتا ہے۔ انسان پانی پر قابو پانے کے لئے بے بس ہے۔ چنانچہ اسے رب سے ہمیشہ یہی دعا کرنی چاہئے کہ اے رب ہمیں نفع دینے والی بارش عطا فرما۔

پانی سے حضرت انسان کی جتنی ضرورتوں کی تکمیل ہوتی ہے اور پانی انسان کے لئے جتنی اہمیت رکھتا ہے اتنا ہی اسے عام کر دیا گیا ہے۔ تاہم آج کے دور میں پانی کے لئے انسان کو کچھ مشکلات کا سامنا بھی کرنا پڑ رہا ہے اور بعض حضرات اس کے لئے مصائب برداشت کر رہے ہیں۔ لیکن ایک بات یہ بھی ہے کہ عام ہونے کی وجہ سے پانی کی قدر نہیں کی جاتی اور اسے غیر ضروری طور پر بہا دیا جاتا ہے۔ اگر پانی کو احتیاط سے استعمال کیا جائے تو اس سے دو فائدے ہو سکتے ہیں۔ پہلا فائدہ تو خود انسان کے لئے یہ ہوگا کہ اسے آنے والے وقتوں میں پانی کی قلت کا سامنا کرنا نہیں پڑیگا اور سہولت کے ساتھ اسے پانی دستیاب ہوتا رہے گا جس سے اس کی ضروریات کی تکمیل ہوگی دوسرا فائدہ یہ ہوگا کہ اس قدر اہمیت کی حامل ضرورت کی تکمیل کرنے والے پانی کی حفاظت کے ذریعہ انسان خدائے بزرگ و برتر کی نعمت کا بھی شکر گذار ہوگا ورنہ پانی کی عدم حفاظت کے باعث اسے ناشکری کا مرتکب بھی قرار دیا جا سکتا ہے۔ آج کے دور میں جہاں ملک کی کئی ریاستوں میں خشک سالی کا دور دورہ ہے اور لوگوں کو پانی کے حصول کے لئے میلوں کا سفر کرنا پڑتا ہے پانی کی حفاظت کو اور بھی اہمیت حاصل ہو جاتی ہے اور حکومتوں کے ساتھ ساتھ عوام پر بھی یہ ذمہ داری عائد ہوتی ہے کہ وہ پانی کی حفاظت کے لئے اپنی ذمہ داریوں کو پورا کریں۔

ایک زمانہ تھا جب علاقوں پر قبضے کے لئے جنگیں لڑی جاتی تھیں اب پانی کی بڑھتی ہوئی قلت کو دیکھ کر یہ کہا جا رہا ہے کہ مستقبل میں پانی والے علاقوں کے لئے جنگیں لڑی جائیں گی۔ ماحولیاتی عدم توازن کے سبب بھی پانی کی تقسیم کی قدرتی نظام میں تبدیلی واقع ہو

رہی ہے جنگلات کا حد سے زیادہ کٹاؤ جنگلوں میں ہونے والی بمباری کے سبب فضا میں شامل ہونے والی گرمی زمین کا بڑھتا درجہ حرارت جیسے عوامل کے سبب بارش کا توازن بگڑ گیا ہے۔ سیلاب تباہی کا سامان لے کر آرہے ہیں تو کئی بارش والے علاقے شدید قحط سالی کا سامنا کر رہے ہیں ایسے میں جنگلات کا تحفظ شجر کاری مہم کا فروغ جنگوں پر پابندی اور پانی کا محتاط استعمال پانی کی بڑھتی قلت کو دور کر سکتا ہے۔

☆☆☆

نمک کی اہمیت

غذا کے معاملے میں بنیادی طور پر انسان کو ذائقہ دار چیزیں پسند ہیں۔زبان ہر قسم کے ذائقے کو چکھنا چاہتی ہے۔اور غذاؤں کو ذائقہ دار بنانے والی ایک بنیادی چیز نمک ہے۔نمک چونکہ دنیا کے انسانوں کو کم خرچ پر اور باآسانی دستیاب ہو جاتا ہے۔لہذا اس کی قدر نہیں کی جاتی لیکن نمک کی اہمیت کا اندازہ اس وقت بڑھ جاتا ہے جب بھولے سے کسی پکوان میں نمک نہیں پڑتا اور صرف نمک نہ ہونے کی وجہہ سے پکائی ہوئی قیمتی سے قیمتی شئے کا ذائقہ کم ہو جاتا ہے۔بچوں کی ایک کہانی بھی مشہور ہے کہ ایک بادشاہ نے اپنی اولاد سے پوچھا کہ وہ مجھے کس چیز سے زیادہ عزیز سمجھتے ہیں تب بادشاہ کی ایک بیٹی نے جواب دیا

قوس قزح

کہ آپ مجھے نمک سے زیادہ عزیز ہیں۔ بادشاہ کو یہ بات مضحکہ خیز لگی۔ کہ اسے نمک جیسی حقیر شئے پر فوقیت دی گئی جب کہ اس کی دوسری اولادوں نے قیمتی اشیاء پر اسے فوقیت دی تھی۔ بادشاہ کی لڑکی نے مناسب موقع پر اس بات کو سمجھانے کا وعدہ کیا۔ایک دفعہ پڑوسی ملک کا بادشاہ اس بادشاہ کا مہمان بنا۔ اتفاق سے پکوان کی ذمہ داری بادشاہ کی اسی لڑکی نے سنبھالی جس نے اپنے باپ کو نمک پر فوقیت دی تھی۔لڑکی نے جان بوجھ کر سارے پکوان بغیر نمک کے پھیکے بنائے۔ پھیکے کھانوں کی دعوت سے بادشاہ کی سبکی ہوئی تب لڑکی نے سمجھایا کہ حقیر سمجھے جانے والے نمک کی کیا اہمیت ہے نمک قدرتی طور پر دنیا کے ہر علاقے میں پایا جاتا ہے۔نمک کا بڑا ذخیرہ سمندر کے کھارے پانی سے حاصل کیا جاتا ہے ۔سمندروں کے ساحل پر وسیع حوض تعمیر کئے جاتے ہیں۔جس میں سمندری پانی کو سکھا کر نمک حاصل کیا جاتا ہے۔اس کے علاوہ نمک پہاڑوں اور چٹانوں کو کاٹ کر اور زمین کی سطح سے بھی حاصل کیا جاتا ہے۔ خالص نمک کو سوڈیم کلورائیڈ کہتے ہیں لیکن معدنی نمک میں بے شمار معدنیات جیسے سوڈیم سلفیٹ، کیلشیم کلورائیڈ وغیرہ شامل ہوتے ہیں۔نمک ایک ٹھوس اور ذائقہ دار شئے ہے۔اس کا ذائقہ کھارا یا نمکین ہوتا ہے۔ٹھوس نمک کو پیس کر اس کا سفوف بنایا جاتا ہے۔خالص نمک کی یہ نشانی ہے کہ وہ پانی جذب نہیں کرتا۔سمندروں یا چٹانوں سے حاصل ہونے والے نمک میں میگنیشیم کلورائیڈ شامل ہوتا ہے۔اس لئے اس میں نمی جذب ہوتی ہے۔ صاف کئے ہوئے نمک کا رنگ انتہائی سفید ہوتا ہے جب کہ ہندوستانی نمک میں سرخ اور گلابی رنگ کا شائبہ ہوتا ہے۔انسانی اور حیوانی زندگی کے لئے نمک بے حد ضروری ہے۔

طبی لحاظ سے نمک کی اہمیت کا اندازہ اس بات سے لگایا جاسکتا ہے کہ انسان کو نمک کے استعمال سے روک دیا جائے تو وہ گھل گھل کر مر جائے گا۔اسی طرح اگر جانوروں

کونمک کے استعمال سے روکا جائے تو وہ بیمار ہو کر ہلاک ہو جاتے ہیں۔ بہت سے جانور نمکین پودے کھا کر اپنے جسم کے لئے درکار نمک کی مقدار حاصل کرتے ہیں۔

انسانوں اور حیوانوں کے جسم میں طبعی طور پر نمک کی ایک خاص مقدار ہر وقت موجود رہتی ہے۔ اگر اس میں کمی ہو جائے تو صحت خراب ہو جاتی ہے۔ طبی تحقیق کے مطابق انسان کو یومیہ کم از کم 1/21 اونس نمک ضرور استعمال کرنا چاہئے۔ گرم اور شدید آب وہوا والے علاقہ میں کم از کم یومیہ ایک اونس نمک استعمال کرنا چاہئے کیونکہ گرمی کے سبب پسینے کے ذریعہ تیزی سے انسانی جسم سے نمک خارج ہوتا رہتا ہے۔ موسم گرما میں مشروبات میں ایک چمچ شکر کے ساتھ ایک چٹکی نمک لینا مناسب ہوگا یا گلوکوس کا پانی پابندی سے پینا چاہئے۔ نمک اور پانی کی کمی کا شکار ہو کر موسم گرما میں لو لگنے سے کئی لوگ بیمار پڑ جاتے ہیں اور ان میں سے چند موت کا شکار بن جاتے ہیں۔ لہذا ایسے لوگوں کو فوری طبی امداد حاصل کرنے اور گلوکوس لگوانے کی فکر کرنا چاہئے۔ نمک کی زیادتی بھی انسان کے لئے نقصان دہ ثابت ہوتی ہے۔ اس سے خون کا دباؤ (Blood Pressure) بڑھ جاتا ہے اور اختلاج قلب اور دل کے دوسرے عوارض پیدا ہو جاتے ہیں۔ لہذا عمر رسیدہ افراد کو نمک کے استعمال میں احتیاط برتنی چاہئے۔

دنیا کی تاریخ جتنی پرانی ہے نمک کے استعمال کی تاریخ بھی اتنی ہی قدیم ہے۔ قدیم پتھر کے زمانے میں جب انسان نے جانوروں کا شکار کرنا سیکھ لیا تھا تب وہ کچا گوشت ہی چبا کر کھا جاتا تھا۔ آگ کی ایجاد کے بعد اس نے گوشت کو بھون کر کھانا سیکھ لیا تھا۔ تب وہ کچا گوشت ہی چبا کر کھا جاتا تھا۔ آگ کی ایجاد کے بعد اس نے گوشت کو بھون کر کھانا سیکھا۔ نمک دریافت ہوا تو انسان نے گوشت کو نمک لگا کر کھانا سیکھا۔ یہیں سے اس کی غذا میں ذائقہ شامل ہونے لگا۔ تاریخ کے مطالعے سے معلوم ہوتا ہے کہ نمک کو سب سے پہلے چین

والوں نے دریافت کیا۔ اس زمانے میں نمک کے حصول کا واحد ذریعہ سمندر تھے۔ قدیم یونانی لاطینی سنسکرت کتابوں میں نمک کے استعمال کے واقعات ملتے ہیں۔ مصر کے لوگ اپنے مردوں کے جسموں کو نمک لگا کر محفوظ کیا کرتے تھے۔ فرعون مصر کی حنوط شدہ لاش آج بھی محفوظ ہے۔ اس کی حفاظت کے لئے استعمال کئے جانے والے مصالحوں میں اہم جزو نمک بھی ہے ہر زمانے میں مذہبی اعتبار سے بھی نمک کو اہمیت حاصل رہی ہے۔

2000 ق م میں چین کے بادشا ''یو'' کے عہد میں نمک کو بڑا مقدس خیال کیا جاتا تھا۔ اور دیوتاؤں کے حضور پیش کی جانے والی قربانی کے گوشت کو نمک لگایا جاتا تھا۔ 1100 ق م میں یونان میں تھیوگورس کے عہد میں نمک کو امن اور انصاف کے دیوتا کا مقام حاصل تھا۔ قدیم زمانے میں ہندو بھی نمک کو پوتر (پاک) چیز تصور کرتے تھے۔ عیسائی نمک کو وفاداری اور عقل مندی کا نشان تصور کرتے ہیں۔ یہودی نمک کو میثاق یا معاہدہ کے طور پر استعمال کرتے ہوئے آپس میں اس کا تبادلہ کرتے ہیں۔ اسلام میں بھی نمک کی فضیلت بیان کی گئی ہے۔ نمک سے روزہ کھولنے کو افضل بیان کیا گیا ہے۔ صاحب جامع کبیر نے حضرت علیؓ سے روایت نقل کی ہے کہ حضور اکرمﷺ نے ارشاد فرمایا کہ اے علیؓ کھانا نمک کے ساتھ شروع کرنا چاہئے اس میں ستر امراض سے شفا رکھی گئی ہے۔ جس میں جنون، جذام، پیٹ درد، دانت درد وغیرہ شامل ہیں۔ حضورﷺ کھیرے کو نمک کے ساتھ تناول فرمایا کرتے تھے۔ نمک کے نام کے ساتھ ایفائے عہد، وفاداری وغیرہ کے محاورے اردو ادب میں ضرب المثل کا درجہ رکھتے ہیں۔ وفاداری نبھانے والے کو نمک حلال اور غداری کرنے والے کو نمک حرام کہتے ہیں۔ اس کے علاوہ نمک کھانا، نمک کا حق ادا کرنا وغیرہ محاورے بھی مشہور ہیں۔ نمک غذا میں استعمال ہونے کے علاوہ دیگر اشیا کی تیاری میں بھی استعمال ہوتا ہے۔ اس سے ایش سوڈا، کاسٹک سوڈا، سالٹ کیک، صابن،

گلیسرین، بارود، بلیچنگ پوڈر اور ہائیڈروکلورک ایسڈ بنتے ہیں۔ نمک جانوروں کی کھال سکھانے کھاد بنانے، مچھلی کو محفوظ کرنے کے کام بھی آتا ہے۔ آج کل طبی ماہرین بچوں اور حاملہ خواتین کو آیوڈین ملے نمک کے استعمال پر زور دے رہے ہیں تا کہ بچوں کو مختلف امراض سے بچایا جا سکے۔ مختلف زبانوں میں نمک کے مختلف نام ہیں۔ اسے اردو اور فارسی میں نمک، عربی میں ملح، ہندی اور تلگو میں نون، انگریزی میں سالٹ کہا جاتا ہے۔ نمک کا سائنسی نام سوڈیم کلورائیڈ (NaCl) ہے۔ غرض نمک خدا کی جانب سے انسانوں کو عطا کردہ ایک عظیم نعمت ہے۔ جس پر انسان کو اپنے خدا کا شکر گذار ہونا چاہئے اور نمک کی قدر کرنا چاہئے۔

☆☆☆

دودھ ایک مکمل غذا

قدرت نے کرہ ارض پر جتنے بھی نباتات وحیوانات جانداروں کی شکل میں پیدا کئے ان کی پیدائش کے ساتھ ساتھ ان کی غذائی ضروریات کی تکمیل کے سامان بھی پیدا فرما دیئے۔ حیوانات کی غذائی عادتیں جدا جدا ہیں۔ ایسے حیوانات جو دودھ پلانے کی صلاحیت رکھتے ہیں۔ انہیں سائنسی اصطلاع میں Mamal کہا جاتا ہے۔ دودھ آسانی سے ہضم ہونے والی ایک مکمل غذا ہے۔ انسان کے بشمول دودھ پلانے والے دیگر

قوس قزح

حیوانات کے بچے پیدائش کے بعد مخصوص عرصے تک چونکہ سخت اور ثقیل غذائیں ہضم نہیں کر سکتے۔ لہذا قدرت نے دودھ میں ایسی صلاحیت رکھی ہے کہ وہ بچے کے لئے درکار تمام غذائی ضروریات کی تکمیل کر سکے۔ تمام اطباء اس بات پر متفق ہیں کہ ماں کا دودھ ہی بچے کے لئے سب سے بہتر غذا ہے۔ اس طرح دیکھا جائے تو دودھ ایک نعمت غیر مترقبہ ہے۔ انسان جس وقت اس عالم میں قدم رکھتا ہے تو سب سے پہلے جس غذا کو استعمال کرتا ہے وہ ماں کا دودھ ہے۔ خالق کائنات نے انسان کو جس قدر نعمتیں عطاء کی ہیں ان میں دودھ کو ایک نمایاں مقام حاصل ہے۔ زمانہ قدیم سے ہی دودھ کو ایک مکمل غذا سمجھا جاتا رہا ہے۔ دودھ بذات خود انسانوں کی پسندیدہ غذا رہا ہے۔ بلکہ دودھ سے بنی اشیاء گھی، مکھن، پنیر، دہی، لسی اور دودھ سے بنی انواع و اقسام کی مٹھائیاں انسانی غذا کا جز ولاینفک بنی ہوئی ہیں۔ مختلف زبانوں میں دودھ کے مختلف نام ہیں اردو، ہندی، پنجابی میں اسے دودھ کہتے ہیں۔ عربی میں لبن، فارسی میں شیر، انگریزی میں Milk، لاطینی زبان میں Lectus کہتے ہیں۔ جیسا کہ ہم جانتے ہیں دودھ مائع حالت میں ہوتا ہے۔ اس کا رنگ سفید ہوتا ہے اور مختلف جانوروں کے دودھ کے مزے اور بو میں ہلکا سا فرق پایا جاتا ہے۔ دودھ کی ماہیت کے بارے میں اطباء میں اختلاف پایا جاتا ہے۔ بعض اسے خون قرار دیتے ہیں اور بعض اسے غذا کا رس قرار دیتے ہیں ایک یوم میں جس مقدار میں جانوروں میں دودھ تیار ہوتا ہے اسے دیکھ کر ہم کہہ سکتے ہیں کہ اتنی مقدار میں جانوروں میں خون تیار نہیں ہو سکتا۔ لہذا دودھ خون نہیں بلکہ مخصوص غذائی مادہ ہے۔ دودھ معتدل قبض کشا اور قدرے دست آور ہوتا ہے۔ جوانی کو تا دیر قائم رکھتا ہے۔ اکثر قسم کے بخار، دل کے امراض، یرقان اور پیاس کی شدت کے لئے انتہائی مفید غذا ہے۔ ہر عمر کے انسان کے علاوہ دیگر جانداروں کے

لئے بھی دودھ آب حیات کی مانند ہے۔اس سے اعصابی کمزوری دور ہوتی ہےاور دماغ کو تقویت ملتی ہے۔ طالب علموں، اساتذہ، علماء، وکلاء، ادیبوں اور صحافیوں کے لئے دودھ میں وہ تمام اجزاء موجود ہیں جو انسان کی پرورش اور نگہداشت کے لئے ضروری ہیں یہ جسم کے پٹھوں اور دوسرے اعضاء کی پرورش کے لئے پروٹین فراہم کرتا ہےاور دانتوں اور ہڈیوں کی تعمیر کے لئے چونا یعنی کیلشیم فراہم کرتا ہے۔اس میں 15 فی صد پروٹین 8 فی صد فاسفورس اور 6 فی صد فولاد ہوتا ہے۔ بڑھتے بچوں کو مناسب مقدار میں دودھ نہ دیا جائے تو وہ کمزور ہوجاتے ہیں اوران کی آنکھوں میں خرابی پیدا ہوجاتی ہے۔

زمانہ قدیم سے ہی دودھ انسان کی مرغوب غذا رہا ہے۔ دنیا کے بیشتر مذاہب نے بھی دودھ کی اہمیت وافادیت بیان کی ہے دودھ کی وجہ سے ہندو گائے کو ماتا کا درجہ دیتے ہیں، اسلام نے بھی دودھ کی اہمیت کو واضح کیا ہے۔اوراسے بہترین غذا قرار دیا ہے۔ حضور اکرم ﷺ جب کبھی دودھ نوش فرماتے تو یہ دعا کرتے ''اللھم بارک لنا فیہ وذدنا منہ'' (اے اللہ اس میں برکت ڈال اورہمیں زیادہ دے) یہاں ایک نکتہ قابل غور ہے کہ کھانے سے قبل جتنی بھی مسنون دعائیں آتی ہیں ان میں اس سے بہتر غذا عطا فرما کی دعا ہےلیکن جہاں تک دودھ کا معاملہ ہےتو چونکہ دودھ سے بہتر کوئی غذا نہیں اس لئے دودھ پینے کی دعا میں مزید بہتر غدا کی تلقین نہیں کی گئی ۔قرآن شریف میں اللہ تعالیٰ نے اپنے پسندیدہ بندوں کو جنت کی بشارت دی ہےاور احادیث میں آتا ہے کہ جنت میں دودھ اور شہد کی نہریں ہوں گی حضرت عبداللہ ابن عباسؓ روایت کرتے ہیں کہ رسول اللہ ﷺ کو پینے کی چیزوں میں سے دودھ بہت مرغوب تھا۔انسان عموماً گائے، بھینس اور بکری کا دودھ استعمال کرتا ہے۔انسان کی دودھ کے لئے بڑھتی ہوئی ضرورت کے پیش نظر صنعتی پیمانے پر دودھ پیدا

کیا جارہا ہے۔ڈیری کا کاروبار ایک منفعت بخش کاروبار بنتا جارہا ہے۔شمالی ہند خصوصاً پنجاب سے بھینسیں لائی جاتی ہیں اور انہیں دودھ آور غذائیں کھلا کر اور مخصوص قسم کے انجکشن لگا کر زیادہ سے زیاد دودھ حاصل کیا جاتا ہے۔دودھ اور اس سے متعلقہ اشیاء کی پیداوار کے لئے گجرات کا آنند شہر ہندوستان میں کافی شہرت رکھتا ہے۔ٹکنالوجی کی ترقی کے ساتھ دودھ کو زیادہ عرصے تک محفوظ رکھنے کے نئے نئے طریقے ایجاد ہوئے۔پاوڈر کی شکل میں بھی آج دودھ دستیاب ہے۔چھوٹے بچوں کے لئے بازار میں مختلف اقسام کے دودھ کے ڈبے ملتے ہیں لیکن ہر ڈبے پر یہ ہدایت واضح طور پر لکھی ہوتی ہے کہ"ماں کا دودھ بچے کے لئے بہتر ہے"۔

جہاں عمدہ دودھ حفظان صحت کی پابندی کرتے ہوئے استعمال کرنا آب حیات مانا گیا ہے وہیں خراب دودھ صحت کے لئے کافی نقصان دہ ثابت ہوتا ہے۔دودھ میں یہ خاصیت ہے کہ وہ بہت جلد اپنے اطراف کی مضر چیزوں کے اثر کو قبول کر لیتا ہے۔چنانچہ کچے دودھ کے برتن کو مریض کے کمرے میں رکھ دیا جائے تو اطبائے جدید کے نزدیک مرض کے جراثیم بہت تیزی سے دودھ میں نشو نما پاتے ہیں۔ماہرین کے بموجب کچے دودھ میں لاکھ احتیاط کے باوجود بیکٹریا کی بھاری مقدار شامل ہو جاتی ہے۔لہذا بغیر گرم کئے کچا دودھ پینا صحت کے لئے مضر ثابت ہوسکتا ہے۔اسی طرح دودھ کو بار بار گرم کرنے سے بھی اس میں موجود وٹامن ضائع ہو جاتے ہیں۔دودھ کو جوش دینے کا صحیح طریقہ یہ ہے کہ تیز آگ پر اسے چار پانچ منٹ گرم کر کر کھولنے دیں اس کے بعد ٹھنڈا کر کے استعمال کریں۔دودھ کے گاڑھے پن کو ناپنے کے لئے Lectometre نامی آلہ دریافت ہوا ہے۔خالص دودھ کی پہچان یہ ہے کہ خالص دودھ کی بہ نسبت ملاوٹ والا دودھ بہت جلد خراب ہو جاتا ہے۔ہاتھ کو دھو کر ایک انگلی دودھ میں ڈبوئیں اگر انگلی کو دودھ لگا رہے تو یہ

خالص ہے ورنہ دودھ میں پانی ملا ہوا ہے۔ دودھ کی اسی ملاوٹ سے اردو زبان میں بھی ایک محاورہ دودھ کا دودھ پانی کا پانی مشہور ہے اس کے علاوہ دودھ کا دھلا' دودھو نہاؤ وغیرہ محاورے مشہور ہیں۔ جہاں تک بچوں کو ماں کے دودھ پلانے کا سوال ہے تو یہ بات ثابت ہو چکی ہے کہ ماں کے دودھ سے ہی بچے کی مناسب پرورش ہوتی ہے اور دودھ کے ذریعہ ماں کے اثرات بچوں میں منتقل ہوتے ہیں۔ عرب میں چونکہ دایاؤں کے ذریعہ بچوں کو دودھ پلا کر پرورش کرنے کا نظام تھا چنانچہ حضور اکرم صلی اللہ علیہ وسلم کا ارشاد ہے کہ احمق اور فاحشہ عورتوں سے دودھ نہ پلواؤ کیونکہ دودھ کا اثر بچہ کے جسم اور اخلاق پر پڑتا ہے۔ اسلام نے بچے کو دودھ پلانے کی عمومی مدت دو سال رکھی ہے اور ڈھائی سال کے عرصے سے زیادہ دودھ پلانا حرام قرار دیا ہے۔ ماں کی صحت کا خیال کرتے ہوئے دو سال کے عرصے سے کم میں بھی بچے کا دودھ چھڑایا جاسکتا ہے۔ منجملہ ان تمام باتوں کے دودھ خدا کی ایک عظیم نعمت ہے۔ اس لئے اسے خدا کا نام لے کر پینا چاہئے اور پینے کے بعد خدا کا شکر ادا کرنا چاہئے اور دل میں یہ خیال ہو کہ جس طرح خدا نے دنیا میں ہمیں لذیذ دودھ عطا فرمایا اسی طرح جنت میں بھی عطا فرما۔

آج کے اس مصروفیت والے زمانے میں جب کہ انسان اپنی مصروفیات میں گم ہو کر رہ گیا ہے اور بعض لوگ ایسے بھی ہیں جنہیں اپنے مقررہ وقت پر کھانا کھانے کی فرصت بھی نہیں ملتی انہیں دودھ کا استعمال زیادہ کرنا چاہئے تاکہ جسم کو درکار کیلشیم اور توانائی اس سے حاصل ہو سکے۔ مائع ہونے کی وجہ سے دودھ بالغ افراد میں غذا کا نعم البدل تو نہیں کہلا سکتا لیکن کسی حد تک غذا کی کمی سے ہونے والے نقصانات کی پابجائی ضرور کر سکتا ہے۔

کمزور انسانوں کے لئے بھی دودھ کا استعمال بہت فائدہ مند ثابت ہوتا ہے۔ خاص طور پر بڑھتی عمر والے بچوں کے لئے بوڑھون کے لئے دودھ کا بکثرت استعمال ان

کی کمزوری دور کرنے میں معاون ثابت ہوتا ہے اور اس سے توانائی بھی حاصل ہوتی ہے۔ صحت کا خاص خیال رکھنے والے طبقات بھی دودھ کے زیادہ سے زیادہ استعمال پر خصوصی توجہ دیتے ہیں اور صبح کی اولین ساعتوں میں کثرت کرنے کے بعد دودھ کے استعمال کی تلقین کی جاتی ہے۔ اسی طرح عام طور پر یہ دیکھا گیا ہے کہ لوگ رات میں سونے سے کچھ دیر قبل لازمی طور پر مقررہ مقدار میں دودھ استعمال کرتے ہیں۔ ایسا کرنے سے صحت کی برقراری میں بہت بڑی حد تک مدد مل سکتی ہے اور ان کی نشو و نما بھی بہتر طریقہ پر ہوا کرتی ہے۔

☆☆☆

تمباکو اور اس کے مضر اثرات

انسان بنیادی طور پر عقل مند واقع ہوا ہے۔ اپنی زندگی کو بہتر بنانے کے لئے وہ ہمیشہ خوب سے خوب تر کی تلاش میں رہتا ہے۔ علم کی ترقی کے ساتھ انسان کائنات کو مسخر کرنے اور فطرت سے مقابلہ آرائی کرنے کے دعوے کرنے لگا ہے۔ انسان اپنے آپ کو لاکھ عقل مند کہہ لے لیکن اس سے بہت سی ایسی بے وقوفی کی حرکتیں سرزد ہوتی ہیں کہ وہ جان بوجھ کر اپنے آپ کو ہلاکت میں ڈال لیتا ہے۔ انسان کی ایسی بے شمار حرکتوں میں اس کی ایک عادت تمباکو نوشی کی بھی ہے۔ یہ ایک ایسی مہلک عادت ہے۔ کہ جس کے

اختیار کرنے کے بعد انسان Slowpoison کی طرح آہستہ آہستہ موت کے منہ میں جا گرتا ہے۔ انسانی صحت پر تمباکو کے مضر اور ہلاکت خیز اثرات جاننے سے پہلے آیئے دیکھیں کہ تمباکو کی تاریخ کیا ہے اور کیسے یہ ساری دنیا میں عام ہوتا گیا۔

دنیا کی مختلف زبانوں میں تمباکو کے مختلف نام ہیں۔ اردو، فارسی اور پشتو میں اسے تمباکو کہتے ہیں جب کہ عربی میں اسے تمباک، سنسکرت میں چھارپتر ، انگریزی میں Tobacco اور لاطینی زبان میں Tobaccom کہتے ہیں۔ یہ ایک مشہور و معروف جھاڑ دار پودا ہوتا ہے۔ جس کی بلندی کم از کم ایک فٹ اور زیادہ سے زیادہ ساڑھے تین فٹ ہوتی ہے۔ پتے بیضوی شکل کے اور پھول سرخی مائل ہوتے ہیں۔ اس کے بیج سرخ اور سیاہی دار ہوتے ہیں۔ تمباکو کی بو تند و تیز اور ذائقہ تلخ ہوتا ہے۔ تمباکو کی پیدائش دنیا کے تقریباً ہر حصے میں اور خصوصاً گرم آب و ہوا والے ممالک میں زیادہ ہوتی ہے۔ مختلف ممالک میں مختلف اقسام کا تمباکو پیدا ہوتا ہے۔ ہندوستان میں چار قسم کا تمباکو دیسی کلکتی، سورتی اور پوربی پایا جاتا ہے۔

زمانہ قدیم سے ہی تمباکو انسانوں کے علم میں رہا ہے۔ اس کی ابتداء کے بارے میں تحقیق ابھی تک پایہ ثبوت تک نہیں پہونچ سکی۔ بقراط کے زمانے میں تمباکو سے مشابہ ایک بوٹی ہوتی تھی جو وبائی زہر کو دور کرنے کے لئے لگائی جاتی تھی۔ گمان غالب ہے کہ وہ بوٹی ہی تمباکو کی ابتداء میں یورپ کے لوگ تمباکو سے واقف نہیں تھے۔ امریکہ کی دریافت کے بعد انہیں تمباکو کا علم ہوا۔

پندرہویں صدی عیسوی میں تحقیق پر پتہ چلا کہ امریکہ کے اصل باشندے ریڈ انڈین تمباکو کے استعمال سے واقف تھے۔ کولمبس نے بھی امریکہ کے باشندوں کو نلکی

قوس قزح

میں بھر کر تمبا کو نوش کرتے ہوئے دیکھا تھا۔ کولمبس نے تمبا کو کا پودا جزائر غرب الہند سے اسپین پہنچایا اور پھر پرتگال میں تمبا کو کی کاشت شروع ہوئی۔ ایران میں تمبا کو کا استعمال شاہ عباس ثانی کے عہد سے ہوا۔ ہندوستان میں مغلیہ دور حکومت سے قبل ہی تمبا کو عام تھا۔ تزک جہانگیری میں لکھا ہے کہ تمبا کو فرنگی لوگ امریکہ سے ہندوستان لائے تھے۔ اکبر اعظم کے عہد میں شاندار حقے تیار ہوئے اور انہیں دربار میں متعارف کروایا گیا۔ ابتدائی زمانے میں نلکیوں میں رکھ کر تمبا کو نوش کیا جاتا تھا۔ بعد میں حقے ایجاد ہوئے۔ چونکہ حقہ بڑا ہوتا ہے اور اسے ایک جگہ بیٹھ کر ہی استعمال کیا جاتا ہے۔ اس کے استعمال میں پیش آ رہی دشواریوں کو دیکھ کر تمبا کو نوشی کے آرام پسند طریقے کھوجے جانے لگے اور تمبا کو کو پتوں میں لپیٹ کر اور پھر کاغذ کی نلکیوں میں لپیٹ کر جسے فی زمانہ سگریٹ کہتے ہیں استعمال کیا جانے لگا۔

تمبا کو سے سگریٹ بنانے کی دریافت اٹھارویں صدی کے ابتدائی دور میں جنوبی امریکہ میں ہوئی۔ اس سے قبل سگار کا رواج عام تھا۔ سگار کا پہلا کارخانہ 1750ء میں ہمبرگ میں قائم ہوا موجودہ شکل کا سگریٹ سب سے پہلی اسپین کے لوگوں میں عام ہوا اور پھر یہیں سے دوسرے ممالک میں عام ہوا اور سے دوسرے ممالک پہنچا۔ آج ساری دنیا میں تمبا کو نوشی کا سب سے بڑا ذریعہ سگریٹ ہی ہے۔

متعدد طبی اور سائنسی تحقیقات کے بعد اب یہ بات طے شدہ ہے کہ تمبا کو نوشی انسانی صحت کے لئے بے انتہا مضر ہے اور اس سے انسان سرطان یعنی کینسر جیسے مہلک مرض میں مبتلا ہو سکتا ہے۔ تمبا کو میں زہریلے مادے جیسے نکوٹین، پرونسک ایسڈ، ایکسرولین اور فرفیورل پائے جاتے ہیں۔ جن کے انسانی جسم میں داخل ہونے سے طرح طرح کے امراض اور شکایتیں پیدا ہوتی ہیں۔ تمبا کو حواس خمسہ کو ناکارہ کر دیتا ہے۔ قویٰ کمزور پڑ جاتے ہیں۔ دماغی کمزوری

واقع ہوتی ہے۔ رگ پٹھے کمزور پڑ جاتے ہیں۔ دل میں فتور پیدا ہوتا ہے۔ حلق اور نتھنوں میں خشکی پیدا ہوتی ہے۔ بدن دبلا ہو جاتا ہے۔ اور دق کا عارضہ لاحق ہو جاتا ہے۔ تمباکو طالب علموں کی دماغی ترقی کی روکتا ہے۔ ایک پروفیسر نے ذہانت کے اعتبار سے اپنے شاگردوں کو چار زمروں میں تقسیم کیا تحقیق پر پتہ کہ اول درجے والوں میں کوئی تمباکو نوش نہیں تھا۔ اور سب سے نچلے درجے میں سب تمباکو نوش تھے۔ سگریٹ نوشی ایک فیشن بھی بن گیا ہے۔ اب مردوں کے ساتھ ساتھ خواتین بھی سگریٹ پینے لگی ہیں۔ عورتوں کے لئے ہلکے اثر والے مخصوص برانڈ کے سگریٹ بازار میں دستیاب ہیں۔ عورتوں میں سگریٹ نوشی مغربی ممالک کے فیشن ایبل حلقوں میں کی جاتی ہے۔ مشرق کی خواتین اس وباء سے بہت حد تک محفوظ تھیں۔ لیکن اب مشرقی ممالک میں بھی مغرب کی تقلید کی بیماری اس حد تک پھیل گئی ہے کہ لوگ اس کے مضر اثرات اور نقصان پر سوچے سمجھے بغیر اور ان کی پرواہ کئے بغیر اندھی تقلید کئے جا رہے ہیں اور اسی تقلید کا نتیجہ ہے کہ ہندوستان اور دیگر مشرقی ممالک میں بھی خواتین میں سگریٹ نوشی کا رواج فروغ پا رہا ہے۔ یہ درست ہے کہ مغربی ممالک اور یورپ کے مقابل ہندوستان یا دیگر مشرقی ممالک میں سگریٹ نوشی کرنے والی خواتین کی تعداد کم ہے لیکن اس تعداد میں ضرور اضافہ ہو رہا ہے۔ جو قابل تشویش بات ہے۔ اگر کوئی سگریٹ نوش خاتون حاملہ ہو تو اس کے پیدا ہونے والے بچے کی صحت پر برا اثر پڑتا ہے۔ اس طرح کسی خاتون کی سگریٹ نوشی سے ایک پوری نسل پر منفی اثر پڑ سکتا ہے۔

سگریٹ نوشی کا آغاز شوقیہ ہوتا ہے۔ لیکن یہ عادت آہستہ آہستہ انسان کے لئے لت ثابت ہوتی ہے اور بڑی مشکل سے ہی چھوٹتی ہے۔ سگریٹ کے مضر اثرات کے پیش نظر ڈبیوں پر قانونی تنبیہہ ''سگریٹ نوشی صحت کے لئے مضر ہے'' تحریر ہوتا ہے لیکن اس کے باوجود سگریٹ

پینے والوں کی تعداد میں کمی ہونا تو دور کی بات ہے بلکہ روز افزوں اضافہ ہی ہوتا جا رہا ہے۔

ہندوستان میں سرکاری میڈیا کے ذریعہ سگریٹ کی تشہیر پر پابندی ہے۔لیکن پرنٹ میڈیا پر پابندی عائد نہیں کی جاسکی۔ ہر سال تمباکو نوشی کے مضر اثرات سے لوگوں کو آگاہ کرانے کے لئے 31 مئی کو عالمی یوم مخالف تمباکو نوشی منایا جاتا ہے۔اس سال منائے گئے یوم مخالف تمباکو نوشی کے موقع پر تمباکو نوشی کے مضر اثرات سے متعلق جو اعداد شمار سامنے آئے وہ انتہائی سنگین نوعیت کے ہیں۔ ماہرین کا کہنا ہے کہ ہر روز دنیا میں تقریباً 11 ہزار افراد تمباکو نوشی سے متعلق امراض سے موت کا شکار ہو جاتے ہیں۔تمباکو نوشی کے سبب مرنے والوں کی شرح دیگر اسباب جیسے ایڈز منشیات شراب نوشی سڑک حادثات قتل اور خودکشی کے ذریعہ مرنے والوں کے مقابلے میں تین گنا زیادہ ہے تمباکو اور اس سے متعلق اشیاء کی تیاری پر جہاں سالانہ 24 ہزار کروڑ صرف کئے جاتے ہیں۔وہیں تمباکو نوشی کے ذریعہ پیدا ہونے والے امراض کے علاج کے ئے 27 ہزار کروڑ سے زائد مصارف عائد ہو رہے ہیں۔

عالمی ادارہ صحت کے اعداد شمار کے بموجب ہندوستان میں مضر اشیاء کے استعمال سے سالانہ 64,460 افراد کینسر کا شکار ہو رہے اور ان میں آندھرا پردیش سر فہرست ہے۔لہذا ضرورت اس بات کی ہے کہ تمباکو نوشی کے مضر اثرات سے نوجوانوں اور دیگر افراد کو آگاہ کیا جائے۔ سماجی سطح پر اس کی مذمت کی جائے۔حکومت تمباکو کی صنعت پر کڑی شرائط عائد کرے۔نصاب میں اس سے متعلق مضامین شائع کئے جائیں۔ تب امکان ہے کہ انسانی سماج کو کسی حد تک تمباکو نوشی کے مضر اثرات سے بچایا جا سکتا ہے۔

مسلم سماج اور معاشرہ میں خاص طور پر نوجوان اس لعنت کا شکار ہوتے جا رہے ہیں۔اس لعنت کا شکار ہونے والوں میں اکثریت غریب خاندانوں سے تعلق رکھتی ہے۔

انہیں ابتداء میں اس کے مضر اثرات کا پتہ نہیں چلتا۔ اور جب پتہ چلتا ہے اس وقت تک خود وہی اس کا شکار ہو جاتے ہیں اوران کے لئے اس سے ترک تعلق کرنا مشکل ہو جاتا ہے۔ ضرورت اس بات کی ہے کہ اس تعلق سے بیداری مہم چلائی جائے۔

☆☆☆

شہد کی مکھی

خالق کائنات نے اپنی قدرت کے اس کارخانے میں کوئی شئے فضول یا بیکار نہیں بنائی ہے۔ حقیر سے حقیر تنکہ ہو کہ حشرات الارض اور قوی الجثہ اجسام ہوں کہ جانور سب اس دنیا میں اپنے مقصد حیات کی تکمیل کر رہے ہیں۔ اور عقل مند لوگوں کے لئے ان میں خدا کی نشانیاں پوشیدہ ہیں۔ ایسی ہی ایک نشانی شہد کی مکھی ہے۔ جس کے عجیب و غریب کارناموں اور اس کے پیدا کردہ شہد کے بے شمار فوائد کو دیکھ کر ہم خدا کی قدرت

کاملہ کا یقین کر سکتے ہیں۔ شہد کی مکھی ہوتی تو بہت چھوٹی اور حقیر ہے لیکن اس کے کام اور کارنامے کسی انسانی سماج سے کم نہیں شہد کی مکھیوں کے کام اور شہد کے فوائد سے متعلق قرآن شریف کی سورۃ النحل کی آیات (۶۹۔۶۸) میں اللہ تعالیٰ ارشاد فرماتا ہے کہ ترجمہ: اور حکم دیا تیرے رب نے شہد کی مکھی کو کہ بنائے پہاڑوں میں گھر اور درختوں میں اور جہاں ٹٹیاں باندھتے ہیں پھر کھا ہر طرح کے میوں سے پھر چل راستوں میں اپنے رب کے صاف پڑے ہیں۔ نکلتی ہے ان کے پیٹ میں سے پینے کی چیز جس کے مختلف رنگ ہیں اس میں مرض اچھے ہوتے ہیں لوگوں کے اس میں نشانی ہے ان لوگوں کے لئے جو دھیان کرتے ہیں''۔

شہد کی مکھی دیگر حشرات الارض کے مقابلے میں عقل وشعور اور زیادہ سوجھ بوجھ رکھتی ہے۔ اس کی فہم وفراست کا اندازہ ان کے گروہ کے کام اور نظام حکومت سے چلتا ہے۔ بالکل انسانی سیاست اور نظام حکومت کی طرح شہد کی مکھیوں کا نظام چلتا ہے۔ شہد کی مکھیوں میں تین طرح کی مکھیاں ہوتی ہیں۔ ایک رانی مکھی جو پورے چھتے میں واحد ہوتی ہے اور اس کی جسامت دیگر مکھیوں کے مقابلے میں نمایاں ہوتی ہے۔ دوسری کارکن مکھیاں تیسرے نکھٹو مکھیاں' رانی یا ملکہ مکھی تین ہفتوں کے عرصہ میں چھ ہزار سے بارہ ہزار تک انڈے دیتی ہے۔ یہ اپنے گروہ میں واحد مکھی ہوتی ہے جو نسل بڑھانے کا کام انجام دیتی ہے اور ایک سربراہ مملکت کی طرح دیگر مکھیوں کو کام تقسیم کرتی ہے۔ کارکن مکھیاں اپنے گروہ کی سب سے فعال مکھیاں ہوتی ہیں۔ ان کے کام مختلف ہوتے ہیں ان میں سے بعض مکھیاں اپنے چھتے کی حفاظت پر مامور ہوتی ہے اور بیرونی حملے سے مکھیوں اور چھتے کی حفاظت کرتی ہیں۔ یہی وجہ ہے کہ جب شہد کو چھیڑا جاتا ہے تو مکھیاں حملہ کر دیتی ہیں۔ بعض کارکن مکھیاں چھتہ بنانے میں مصروف ہوتی ہیں۔ ان کا بنایا ہوا چھتہ صناعی کا شہکار ہوتا

قوس قزح

ہے۔ یہ موم سے بنتا ہے۔مکھیاں نباتات پر جمے سفید قسم کے سفوف کی مدد سے جو عام طور پر گنے پر بکثرت نظر آتا ہے چھتہ بناتی ہیں ۔ ایک چھتے میں بیس تا تیس ہزار خانے ہوتے ہیں۔ جب غور سے دیکھا جائے تو پتہ چلتا ہے کہ یہ خانے مسدس شکل کے ہوتے ہیں اور کوئی بھی خانہ چھوٹا بڑا نہیں ہوگا۔مکھیاں یہ چھتے عموماً اونچی جگہوں پر بناتی ہے اور شہد خراب ہونے نہیں پاتا اور دوسرے چھتے کی حفاظت ہوجاتی ہے۔کارکن مکھیوں کا ایک اہم گردہ وہ ہوتا ہے جو پھولوں اور پھلوں سے رس چوس کر شہد تیار کرتا ہے یہ شہد خود ان کی اور ان کے بچوں کی غذا بھی ہوتا ہے اور یہی شہد انسانوں کے لئے غذا اور دوا کے طور پر کارآمد ہوتا ہے ۔ اگر کوئی مکھی پھولوں کا رس چوس کر آنے کے بجائے کسی گندگی پر بیٹھ کر آئے تو چھتے کی محافظ مکھیاں اسے روک لیتی ہے اور ملکہ یا رانی مکھی اسے قتل کر دیتی ہے۔مکھیاں رس چوسنے کے لئے دور دراز مقامات کا سفر کرتی ہیں لیکن قدرت نے ہواؤں کو ان کے لئے مسخر کر دیا ہے اور وہ راستہ بھٹکے بغیر اپنے چھتے تک پہنچ جاتی ہیں۔مکھیوں کی تیسری قسم نکھٹو مکھیاں ہوتی ہیں اور جیسا کہ نام سے ظاہر ہے یہ مکھیاں کچھ کام نہیں کرتیں۔

موسم اور علاقے کے فرق اور کسی علاقے میں پائے جانے والے مخصوص پھلوں اور پھولوں کی موجودگی کے سبب شہد کے رنگ اور مزہ میں فرق پایا جاتا ہے۔اسی طرح جسامت کے اعتبار سے بھی چھوٹی مکھی اور بڑی مکھی کے شہد کے مزے میں فرق پایا جاتا ہے۔ پہلے لوگ شہد کے چھتے کو توڑ کر ضائع کر دیتے تھے۔اور مکھیوں کو پھر سے چھتہ بنانے کی ضرورت پڑتی تھی۔لیکن آج تجارتی بنیاد پر شہد کا حصول کیا جارہا ہے۔اس کے لئے باغوں میں مخصوص قسم کے مربع نما لکڑی کے فریم رکھ دیئے جاتے ہیں۔جس میں یہ مکھیاں چھتہ بناتی ہیں اور جب چھتہ شہد سے بھر جاتا ہے تب چھتے کو ضائع کئے بغیر اس سے شہد

حاصل کرلیا جاتا ہے اور پھر فریم کو دوبارہ اپنے مقام پر لگا دیا جاتا ہے جہاں مکھیاں پھر سے شہد جمع کرنے میں ڈٹ جاتی ہیں۔ مکھیوں کی جانب سے تیار کردہ شہد ان مکھیوں کا فضلہ ہے یا لعاب اس میں لوگوں کا اختلاف ہے بعض اطباء نے یہ بات جاننے کی کوشش کی لیکن وہ اس میں کامیاب نہیں ہوسکے۔

شہد مزے کے اعتبار سے انتہائی میٹھا اور لذیذ ہوتا ہے۔ یہ ایک قسم کا گاڑھا زردی مائل مادہ ہوتا ہے۔ یہ غذائیت سے بھرپور قوت بخش اور لذیذ مائع ہے اور قرآن کے ارشاد کے مطابق اس کی سب سے بڑی اہمیت یہ ہے کہ اس میں کئی امراض سے شفا ہے یہ مسہل ہے اور پیٹ سے فاسد مادہ نکالنے میں بہت مفید ہے۔ بلغمی امراض میں راست اور دوسرے امراض میں دوسرے اجزاء کے ساتھ مل کر بطور دوا استعمال ہوتا ہے۔ اس کی اہم خصوصیت یہ ہے کہ یہ کافی عرصے تک خراب نہیں ہوتا۔ اور اپنے اندر ملی دوسری چیزوں کو خراب ہونے سے بچاتا ہے۔ یہی وجہ ہے کہ اطباء معجونوں میں بطور خاص شہد کا استعمال کرتے ہیں۔ اگر یقین کے ساتھ استعمال کریں تو شہد ظاہری امراض جسم کے لئے بھی بطور دوا فائدہ بخش ہے۔ بہرحال شہد خداتعالی کی طرف سے انسانوں کو عطا کردہ عظیم نعمت ہے اور شہد کی مکھی جیسی حقیر شئے کے حیرت انگیز کارنامے ایک ذی شعور انسان کو اس بات پر یقین کرنے کے لئے مجبور کردیتے ہیں کہ اس مکھی کا خائق کتنی قدرت والا اور عظیم ہے۔

☆☆☆

حرام اور حلال جانور

خالق کائنات نے اس دنیا میں کم وبیش 18000 چھوٹی بڑی مخلوقات کو پیدا کیا اوران میں اپنی تخلیق کے شاہکار انسان کو اشرف المخلوقات بنا کر اسے منصب خلافت سے سرفراز کیا۔ چھوٹی بڑی ہزاروں مخلوقات خدا نے کسی نہ کسی طرح انسان کے لئے بنائیں اور انسان کا مقصد تخلیق خدا کی عبادت قرار دیا۔ اس سرزمین پر جتنے بھی جاندار ہیں ان میں توازن پیدا کرنے کے لئے خدا نے ایک کی ضرورت دوسرے پر منحصر کردی۔ جاندار اپنی

غذائی ضروریات کی تکمیل کے لئے دوسرے جانداروں پر انحصار کرتے ہیں اور اسی طرح زندگی کا چکر چلتا رہتا ہے اور کائنات میں توازن قائم رہتا ہے۔ اگر ایک قسم کے جانداروں کا دوسرے پر انحصار نہ ہوتا تو اس کائنات کا توازن بگڑ جاتا ار ہر طرف جانور اور پیڑ پودے ہی نظر آتے اور انسانی زندگی کا وجود ناممکن ہو جاتا ہے۔ انسان کے علاوہ دوسرے جانوروں کی غذائی ضروریات محدود ذرائع سے پوری ہوتی ہیں۔ لیکن انسان کی غذائی ضروریات میں تنوع پایا گیا ہے۔ زمین سے پیدا ہونے والے غلے ترکاری پھل پھول کے علاوہ انسان کی غذائی ضرورتوں کی تکمیل کا بہت حد تک انحصار جانوروں پر بھی ہے۔ مختلف قسم کے جانوروں کے گوشت دودھ اور چربی وغیرہ سے انسان کی غذائی ضرورتوں کی تکمیل ہوتی ہے۔ خصوصاً سرد علاقوں کے لوگوں کے لئے گوشت کا استعمال ناگزیر ہے۔ جانوروں کا گوشت انسان کی غذا میں داخل ہو کر اس کے بدن کا اہم جزو بنتا ہے۔ قدرت نے مختلف جانوروں میں مختلف خصوصیات اور اثرات رکھے ہیں اور یہ اثرات گوشت کے استعمال کے ساتھ انسان کی فطرت اور مزاج پر اثر انداز ہوتے ہیں۔ چنانچہ ابتدائے آفرینش سے سلیم الطبع انسانوں نے اچھے اور برے جانوروں کی تقسیم کر دی۔ انسان درحقیقت سلیم الطبع واقع ہوا ہے اور وہ اپنے لئے اچھی چیز پسند کرتا ہے۔ لیکن زمانے میں اچھے اور برے لوگ واقع ہوتے ہیں اور بھی جاہلانہ رسوم کے سبب یا کسی اور وجہ سے انسانوں میں اچھے اور برے کی تمیز اٹھ جاتی ہے تو انسان بری چیز کو بھی اچھی چیز سمجھنے لگتا ہے۔ خدا تعالیٰ نے ہر زمانے میں انسانوں کی ہدایت اور رہنمائی کے لئے دنیا میں پیغمبر مبعوث فرمائے تاکہ بھٹکے ہوئے لوگوں کو راہ راست پر لایا جاسکے۔ پیغمبروں کی تربیت خدا تعالیٰ راست کرتا ہے۔ لہذا جانوروں کے معاملہ میں انہوں نے جن چیزوں کو خبائث

قرار دیا وہ حقیقتاً خبیث ہیں اور جن چیزوں کو طیبات سمجھا وہ حقیقتاً پاک ہیں انسان اگر پاک چیزیں استعمال کرے گا تو اس کے جسم سے نیک اعمال ظاہر ہوں گے اور اگر وہ خبیث چیزیں استعمال کرے گا تو جانوروں کی خباثت کے زیر اثر اس کے اخلاق خراب ہوں گے اور اس کے جسم سے سرزد ہونے والے اعمال برے ہوں گے۔ اسلام ایک دین فطرت ہے اور زندگی کے دوسرے پہلوؤں کے ساتھ ساتھ اسلام نے قرآن اور حدیث کے ذریعہ حرام وحلال جانوروں کے فرق کو واضح کردیا۔ شریعت اسلام نے جتنے جانور حرام قرار دیئے ان سب پر غور کیا جائے تو معلوم ہوگا کہ یہ دو اصولوں کے تحت حرام قرار دیئے گئے۔ ایک یہ کہ کوئی جانور اپنی فطرت وطبیعت کے اعتبار سے خبیث ہو دوسرے یہ کہ اس کے ذبح کا طریقہ غلط ہو جس کا نتیجہ یہ ہوگا کہ وہ مردار قرار دیا جائے گا۔ اور ہر زمانے میں مردار جانور کو حرام اور ممنوع قرار دیا گیا قرآن شریف کے سورہ مائدہ کی تیسری آیت میں جانوروں کی حرمت کے تعلق سے نو باتیں بیان کی گئی ہیں۔ ان میں قسم اول کے تحت خنزیر کو حرام قرار دیا گیا ہے۔ حضور اکرم ﷺ نے جانوروں کے خبیث یا حرام ہونے کے چند ضابطے بیان فرمائے ایک تو یہ کہ وہ جانور خبیث ہے جس کی شکل میں بدلتے ہوئے بعض سابقہ اقوام پر خدا تعالی نے عذاب نازل فرمایا تھا۔ قرآن کا ارشاد ہے کہ ''وجعل منھم القردت والھن دیزۃ''یعنی بعض قوموں کو خنزیر اور بندر کی شکل میں بطور عذاب مسخ کیا گیا۔ اس سے ثابت ہوتا ہے کہ جانوروں کی یہ دونوں قسمیں طبع سلیم کے اعتبار سے خبیث ہیں۔ خبیث جانوروں کی ایک قسم ایسی ہے جو چیر پھاڑ کرتے ہیں یا چیزوں کو اچک لیتے۔ شیر، ببر، چیتا، سانپ، بچھو، چھپکلی، مکھی، چیل اور باز وغیرہ۔ اس قسم کے خبیث جانوروں میں شامل ہیں۔ چنانچہ حضور اکرم ﷺ نے ضابطہ کے طور پر فرمایا کہ ہر

درندہ جانور جو دانتوں سے پھاڑ کر کھاتا ہے جیسے شیر بھیڑیا وغیرہ وہ اور پرندوں میں وہ جانور جو اپنے پنجے سے شکار کرتے ہیں جیسے باز شکرہ وغیرہ۔ یہ سب حرام ہیں یا ایسے جانور جن کی طبیعت میں ذلت اور نجاست میں ملوث ہونا شامل ہے جیسے چوہا یا مردار خور جانور جیسے گدھ وغیرہ یا گدھا یہ سب چیزیں ایسی ہیں کہ ہر ذی شعور انسان ان کے طبعی خواص اور ان کے مضر ہونے سے واقف ہے۔ حرام ہیں۔ سورہ مائدہ کی تیسری آیت میں جانوروں کی حرمت سے متعلق جو نو باتیں بیان کی گئی ہیں وہ اس طرح ہیں اس آیت میں کہا گیا کہ تم پر مردار جانور حرام کئے گئے۔ مردار جانور وہ ہیں جو بغیر ذبح کئے کسی بیماری کے سبب یا طبعی موت سے مر جائیں۔ ایسے مردار جانور کا گوشت، طبی طور پر اور روحانی طور پر انسان کے لئے مضر ہے۔ حدیث شریف کے ذریعہ حضور اکرم ﷺ نے مردار جانوروں میں دو کو یعنی، مچھلی اور ٹڈی کو مستثنیٰ قرار دیا۔ اس آیت کے ذریعہ حرام کی جانے والے دوسری چیزیں خون ہے۔ یہاں خون سے مراد بہنے والا خون ہے۔ تاہم جگر اور تلی کو جو کہ باوجود خون کی شکل ہونے کے مستثنیٰ قرار دیا گیا ہے۔ تیسری چیز خنزیر کا گوشت ہے۔ اس میں اس کا پورا بدن جس میں چربی وغیرہ بھی شامل ہے سب کو حرام قرار دیا گیا چوتھے وہ جانور حرام قرار دیا گیا جو غیر اللہ کے لئے نامزد کیا گیا ہو اور ذبح کے وقت اللہ کے علاوہ کسی غیر اللہ کا نام لیا گیا ہو۔ پانچویں وہ جانور حرام قرار دیا گیا جو گلا گھونٹ کر ہلاک کیا گیا ہو یا خود ہی جال وغیرہ میں پھنس کر اس کا دم گھٹ گیا ہو۔ چھٹے وہ جانور حرام ہیں جو کسی شدید ضرب سے ہلاک ہوا ہو۔ ساتواں وہ جانور جو کسی پہاڑ ٹیلہ یا اونچی عمارت یا کنویں وغیرہ میں گر کر مر جائے وہ بھی حرام ہے۔ اٹھویں وہ جانور جو کسی ٹکر یا تصادم سے ہلاک ہو جائے۔ خواہ کسی گاڑی یا موٹر کے تصادم سے یا جانوروں کے آپسی تصادم سے ہلاک۔ ہو تو وہ حرام ہے۔

نویں وہ جانور حرام ہے جسے کسی درندے نے چیر پھاڑ کر کے زخمی کر دیا اور اس کے سبب وہ مر گیا ہو۔ آخر میں یہ چھوٹ دی گئی ہے کہ اگر ان جانوروں میں سے تم نے کسی کو زندہ پالیا اور ذبح کر لیا تو وہ حلال ہو گیا۔ اس کا کھانا جائز ہے۔ اس کے علاوہ زمانہ جاہلیت کی رسوم کے تحت کعبہ کے گرد کھڑے کئے گئے پتھروں پر ذبح کئے جانے والے جانور اور قسمت آزمائی کے تیر زلم سے مارے ہوئے جانوروں کو بھی حرام قرار دیا گیا اور جہاں تک حلال جانوروں کا تعلق ہے اس کا اشارہ سورہ مائدہ کی پہلی آیت میں اور سورۃ انعام کی آیات ۱۴۳۔۱۴۴ میں کیا گیا۔ جس کا خلاصہ یہی ہے کہ پہلے بیان کئے گئے حرام جانوروں کی قسموں کے علاوہ چو پائے مویشی اور گھریلو جانور جیسے اونٹ، گائے، بھینس، بکری وغیرہ جانوروں کی آٹھ قسمیں حلال کی گئیں۔ حلال وحرام جانوروں کے بارے میں ایک نکتہ قابل غور یہ بھی ہے کہ اللہ نے جن جانوروں کو حلال کیا ہے وہ پیدا تو ایک یا دو ہوتے ہیں اور ان کی پیدائش کا وقفہ بھی طویل ہوتا ہے۔ روز آنہ لاکھوں جانور ذبح کئے جاتے ہیں لیکن ان کی نسل ختم ہی نہیں ہوتی۔ اس کے برخلاف حرام جانور جیسے خنزیر کتا وغیرہ یہ ایک ایک جھول میں کئی کئی بچے جنم دیتے ہیں لیکن قدرت کا انتظام دیکھئے کہ یہ بہت کم تعداد میں ہمیں دکھائی دیتے ہیں۔ حلال جانوروں کی پرورش وحفاظت کا انتظام اللہ تعالیٰ نے اس انداز میں کر رکھا ہے کہ جتنی زیادہ تعداد میں یہ ذبح ہوں گے اتنی ہی زیادہ تعداد ان کی دکھائی دے گی۔ بہر حال جانوروں کے حلال وحرام ہونے کی تقسیم بتاتے ہوئے اللہ نے انسان کو جہاں اپنے احکامات پر عمل آوری کے ذریعہ اس کے محبوب بندے بننے کی دعوت دی ہے تو وہیں اس کی مناسب جسمانی اور روحانی تربیت کا سامان کیا ہے۔

☆☆☆

پنسلین دوا کی ایجاد

خالق کائنات نے اس دنیا میں کروڑوں انسان پیدا کیئے۔لیکن ہر زمانے میں چند مٹھی بھر ایسے بھی انسان پیدا کیئے کہ جن کے حیرت انگیز کارنامے رہتی دنیا تک انسانیت کے لئے فائدہ بخش بن گئے۔اردو کے مشہور شاعر میر نے ایسے ہی لوگوں کو انسان قرار دیا اور کہا کہ

مت سہل ہمیں جانو پھرتا ہے فلک برسوں
تب خاک کے پردے سے انسان نکلتے ہیں

انسانیت کی ترقی کے ساتھ ساتھ انسان کی ضرورتیں بڑھتی گئیں اور ان ضرورتوں کی تکمیل کے لئے ذہین انسانوں نے قدرت کے سربستہ رازوں سے پردہ اٹھانا

شروع کیا اور چیزیں وجود میں آتی گئیں۔ کہتے ہیں کہ ضرورت ایجاد کی ماں ہوتی ہے۔ چیزوں کو ایجاد کرنے کے لئے عام طور پر انسان کھوج' تلاش' تحقیقات اور تجربات کرتا ہے۔ خاص کر سائنسی چیزوں اور بیماریوں کے لئے دوا کی تلاش میں زبردست تجربات کئے جاتے ہیں۔ بعض دفعہ دوران تجربات اتفاقی حادثات سے نئی چیزوں کی دریافت بھی عمل میں آتی ہے۔ ایسا ہی ایک اتفاق جراثیم کش دوا پنسلین Penicillin کی ایجاد کے سلسلے میں ہوا۔ بیماریوں کے خلاف جدوجہد میں دوائیں طاقتور آلہ کار رہوتی ہیں۔ زمانہ قدیم میں جراثیم کشن ادویات نہ ہونے کے سبب خصوصاً زخموں سے پیدا ہونے والی جراثیمی بیماریوں کے سبب لاکھوں لوگ لاعلاج رہ کر موت کے گھاٹ اتر جاتے تھے۔ انسان نے بیماریوں کے خلاف علاج ڈھونڈنے میں جدوجہد شروع کی اور اس کی جدوجہد رنگ لائی اور پنسلین دوا کی صورت میں ایک حیرت انگیز اور جلد اثر کرنے والی جراثیم کش دوا وجود میں آئی۔ جس نے تقریباً نصف صدی تک اس سرزمین پر بسنے والے کروڑوں انسانوں کے علاج و معالجے میں مدد دی اور سینکڑوں جراثیم کش ادویات کی ایجاد کے لئے مشعل راہ ثابت ہوئی۔ پنسلین دوا کی ایجاد کی عجیب کہانی ہے۔ اس دوا کی ایجاد کسی نئی دوا کی ایجاد کے لئے کی جانے والی سائنسی تحقیق کا نتیجہ نہیں بلکہ اس کی ایجاد اس طرح ہوئی کہ لندن کی ایک تجربہ گاہ میں ڈاکٹر فلیمنگ کی معاون خاتون ایک دفعہ دوران تجربہ استعمال کئے جانے والے ایک کٹورے کو ڈھانکنا بھول گئی تھی۔ اور خوش قسمتی سے ان خاتون کی بھول پنسلین دوا کی ایجاد کا نقطہ آغاز ثابت ہوئے۔ سائنسی تاریخ کے مطالعہ سے پتہ چلتا ہے کہ الیگزینڈر فلیمنگ نے 1927ء میں پنسلین دوا کی ایجاد کی۔ فلیمنگ 6 اگست 1881ء کو اسکاٹ لینڈ میں پیدا ہوا تھا۔ 1902ء میں اس نے یونیورسٹی آف لندن کے سینٹ میریس ہاسپٹل میڈیکل کالج میں داخلہ لیا اور چھ سال کی تعلیم مکمل کی۔ وہ ایک

ذہین طالب علم تھا۔ چنانچہ اس نے جراثیم سے پیدا ہونے والی بیماریوں اور ان کے علاج کے طریقوں کے بارے میں تحقیقات شروع کیں۔ پہلی جنگ عظیم کے آغاز کے بعد وہ Royal Army کا رکن بن گیا۔ جنگ کے دوران زخمی ہونے والوں کے علاج کے مسئلہ پر کام کرتے ہوئے اسے معلوم ہوا کہ جراثیم کے خلاف جدوجہد میں خون میں پائے جانے والے White Blood Cells سفید جثیمے زبردست مدافعتی قوت کا مظاہرہ کرتے ہیں۔ 1922ء تک اس نے آنسوؤں میں پائے جانے والے ایک ایسے خامرہ Enzyme کو دریافت کرلیا تھا کہ جس میں جراثیم کو ختم کرنے کی صلاحیت موجود تھی۔ 1928ء میں ڈاکٹر فلیمنگ کا سینٹ میریس ہاسپٹل میں بحثییت پروفیسر تقرر عمل میں آیا جہاں کا وہ طالب علم تھا۔ وہاں اس نے Ridley نامی معاون خاتون کے ساتھ Staphylococcus نامی بیکٹریا (جراثیم) کے خلاف جدوجہد کے تجربات شروع کیئے فلیمنگ نے عام طور پر سائنسی تجربات میں استعمال ہونے والی آبی پودوں پر تجربات شروع کئے روز آنہ وہ چند کٹوروں میں پودوں کے ساتھ جراثیم ملا کر انہیں ڈھانک کر رکھ دیا کرتا تھا۔ اس کی معاون ریڈلی کی یہ ذمہ داری تھی کہ وہ یاد سے ان کٹوروں کو ڈھانکے تاکہ کٹورا کھلا رہنے کی صورت میں کوئی دوسری شئے اس میں شامل نہ ہو جائے اور تجربہ ناکام رہے۔ ریڈلی کٹوروں کو ڈھانکنے کے بعد انہیں ایسی گرم جگہ پر رکھتی جہاں کا درجہ حرارت انسانی درجہ حرارت کے مساوی ہوتا لیکن کہا جاتا ہے کہ انسان ہی غلطی کا پتلا ہوتا ہے اور اس سے سرزد ہونے والی بعض غلطیاں اہم کارنامہ بن جاتی ہیں۔ ایسا ہی کچھ ریڈلی کے ساتھ ہوا۔ ایک دن دوران تجربہ اس نے آبی پودوں اور بیکٹریا سے بھرے ایک کٹورے کو نہیں ڈھانکا اور وہ کٹورا کھلی کھڑکی کے قریب ہوا کھاتا ہوا رہ گیا۔ دوسری صبح فلیمنگ اور ریڈلی نے دیکھا کہ ڈھانکے ہوئے کٹوروں میں آبی پودوں پر جراثیم کے اثرات کے سبب چھوٹے

چھوٹے دھبے پڑ گئے جب کہ کھلے ہوئے کٹورے میں ایک تہائی حصہ میں پودوں کے ساتھ شامل کئے گئے بیکٹریا کا اثر نہیں پایا گیا۔ اس کی جگہ کٹورے میں سبز رنگ کی کائی جمع ہوگئی تھی۔ یہ عجیب چیز تھی اور یہی کائی پنسلین کی دریافت میں پہلا اہم قدم ثابت ہوئی۔ فلیمنگ کی معاون ریڈلی کا دوران تجربہ کٹورا کھلا رکھنا اور ہوا کے تعامل سے کٹورے میں کائی جمع ہونا اور اس کے اثر سے جراثیم کا خاتمہ یہی وہ ابتدائی نتائج تھے۔ جنہیں آگے چل کر مزید تجربات سے گذارا گیا اور انسانیت کے لئے سودمند حیرت انگیز جراثیم کش دوا پنسلین وجود میں آئی اور گذشتہ نصف صدی میں اس دوا نے جراثیم کے حملے سے پیدا ہونے والی بیشتر بیماریوں کے علاج میں نمایاں اثر دکھایا۔ ریڈلی اور فلیمنگ نے مزید تجربات سے یہ ثابت کردیا کہ پنسلین سے نہ صرف Staphylococcus بیکٹریا کا خاتمہ ہوتا ہے بلکہ اس قبیل کے دیگر جراثیم کا خاتمہ بھی اس دوا سے ممکن ہے۔ ابتداء میں فلیمنگ نے اپنی ایجاد کردہ دوا کو راست انسانوں پر استعمال سے گریز کیا اور جانوروں پر اس دوا کے کامیاب تجربے کئے اور آہستہ آہستہ زخمی انسانوں کا اس دوا سے علاج شروع کیا۔ ابتداء میں دوا کا اثر کم تھا۔ دوسری جنگ عظیم کے آغاز کے بعد جب لاکھوں زخمیوں کے علاج کے لئے اس طرح کی دوا کی شدت سے ضرورت محسوس کی گئی تو سائنس دانوں نے پنسلین کی اہمیت کو جانا اور بڑے پیمانے پر اس دوا کو موثر بنا کر تیار کیا گیا۔ یہ دوا ۸۹ مختلف قسم کی جراثیمی بیماریوں کے علاج میں موثر ثابت ہوئی اور مزید سولہ قسم کی بیماریوں کے علاج میں اچھے اثرات قائم کئے پنسلین کی ایجاد نے سائنسدانوں کے لئے تحقیق کی راہیں کھول دیں اور اس کے بعد سے سینکڑوں جراثیم کش دوائیں ایجاد ہو چکی ہیں لیکن ابتدائی دوا ہونے کے ناطے پنسلین اور اس کے موجد ڈاکٹر الیگزینڈر فلیمنگ کا نام ہمیشہ انسانیت کی فلاح کے لئے کام کرنے والوں میں سرفہرست رہیگا۔ انسان کی جسمانی عادتوں میں

تغیر کے سبب ان دنوں پنسلین دوا سب لوگوں کے لئے قابل قبول نہیں ہے۔ اس لئے ڈاکٹر پہلے ٹسٹ کرتے ہیں اور جسم رد عمل ظاہر نہ کرے تو پنسلین دوا مریض کو تجویز کرتے ہیں پنسلین دوا پر کام کرنے کے لئے برطانوی حکومت نے ڈاکٹر الیگزینڈر فلیمنگ کو اعزاز دئے اور انہیں طب کا نوبل انعام دیا گیا۔ فلیمنگ کا خیال تھا کہ قسمت نے اس کے ساتھ یاوری کی اور اس کے ذریعہ جراثیم کش دوا ایجاد ہوئی جب کہ اس دوا کی ایجاد کا خواب جوزف لسٹر نامی سائنس دان نے دیکھا تھا۔ فلیمنگ کی قسمت بدلنے میں اس کی معاون ریڈلی تجربہ گاہ میں ہونے والا اتفاقی حادثہ انسانیت کی فلاح کا ذریعہ بن گیا۔

☆☆☆

لاشعاعیں X-Ray

زمانہ قدیم میں حکماء اور اطباء نبض دیکھ کر لوگوں کے امراض کی تشخیص کرتے تھے۔ زمانے کی ترقی کے ساتھ ساتھ بیماریوں میں تنوع آتا گیا۔ نئی نئی بیماریاں وجود میں آئیں اور ان بیماریوں کی صحیح تشخیص کے لئے آلات اور مشینوں کا استعمال ہونے لگا۔ انسانی جسم کی ہڈیوں کی ساخت اور دیگر اندرونی کیفیات جاننے کے لئے جو اہم سائنسی دریافت ہوئی ہے وہ لاشعاعیں یا X-Ray ہیں۔ یہ شعاعیں چونکہ ٹھوس اشیاء میں سے نہیں گذر سکتی ہیں۔ اس لئے یہ جسم انسانی میں عضلات اور گوشت سے آسانی سے گذر کر ہڈیوں کا

سایہ بناتی ہیں۔ ہڈیاں چونکہ ٹھوس ہوتی ہیں اس لئے یہ غیر مرئی شعاعیں ہڈیوں کا سایہ بناتی ہیں۔ چنانچہ ہاتھ پیر یا پسلی کی ہڈیوں کے ٹوٹنے یا ان میں تڑخ پیدا ہو جانے کی صحیح جانچ کے لئے ڈاکٹر فوراً ایکسرے کی مدد لیتے ہیں۔ طب کے علاوہ یہ شعاعیں صنعت اور سائنسی تحقیقات میں بہت معاون ہیں۔

ایکسرے یعنی لاشعاؤں کو 1895ء میں رانجن (Reontgen) نامی سائنس دان نے پہلی مرتبہ دریافت کیا۔ اس سائنس دان کا مکمل نام ویلہلم کونارڈ رانجن تھا۔ ورز برگ بواریا کی یونیورسٹی میں زائد از 25 برس تک اس نے ماہر طبعیات کی حیثیت سے خدمات انجام دیں۔ 5 نومبر 1895ء کو دوران تجربات اتفاقیہ طور پر اس نے چند ایسی غیر مرئی شعاؤں کو دریافت کرلیا تھا کہ ان کے خواص سے وہ خود بھی ناواقف تھا۔ چنانچہ اس نے اپنی دریافت کردہ پراسرار شعاؤں کا نام X-Rays رکھا۔

لاشعاؤں کی دریافت کے وقت پروفیسر رانجن منفی شعاؤں کے بارے میں تجربات کر رہا تھا یہ منفی شعاعیں اخراجی نلی میں ہوا کے کم دباؤ پر نلی میں برقی روگذار نے سے پیدا ہوتی ہیں۔ منفی شعاؤں کے اخراج کے لئے استعمال کی جانے والی نلی کا نام کروکس، نلی تھا۔ جسے برطانوی سائنس دان سر ولیم کروکس نے دریافت کیا تھا۔ کروکس نلی کو لے کر ہی رانجن نے اپنے تجربات جاری رکھے کروکس نلی میں منفی برقیرہ ایک فلامنٹ یا تار کی شکل میں ہوتا ہے اور اسے برقی سے منسلک کیا جاتا ہے۔ جب تار میں برقی روگذاری جاتی ہے تو اس میں عجیب وغریب روشنی پیدا ہوتی ہے۔ جس کا رنگ گہرا زرد ہوتا تھا۔ رانجن کو یہ علم تھا کہ کروکس نلی سے مخصوص فاصلے پر اگر چند دھاتیں رکھی جائیں تو ان دھاتوں سے ٹکرا کر یہ شعائیں چمک پیدا کریں گی۔ چنانچہ مالبڈیم کے دھاتی ٹکڑے سے

شعاؤں کو ٹکرایا گیا۔ دھات کا یہ ٹکڑا شعاؤں سے 45 ڈگری مائل رہتا ہے رانجن نے ان شعاؤں کا اثر جاننے کے لئے ان کی چمک دیکھنے کے لئے نلی سے کچھ فاصلے پر نمک کا لیپ کردہ ایک کاغذ رکھا۔ عموماً یہ نمک بیریم پلاٹی نو سایانائیڈ ہوتا ہے۔ اس نے کروکس نلی کو سیاہ کاغذ سے ڈھانک دیا اور نلی میں برقی رو دوڑانے کے بعد سیاہ کاغذ کو آہستہ آہستہ حرکت دی تو ایک موقع پر اسے شعاؤں کی چمک دکھائی دی۔ ابتداء میں اسے اپنے تجربے پر یقین نہیں آیا اور اس نے دوبارہ تجربے کو دہرایا۔ بعد میں رانجن نے ان عجیب وغریب غیر مرئی شعاؤں کے خواص جاننے کی کوشش کی۔ اس نے محسوس کیا کہ لیپ کردہ کاغذ اور کروکس نلی کے درمیان ایک دھاتی تکڑا رکھا جائے تو شعاؤں میں دھاتی تکڑے کا سایہ پڑ رہا ہے یعنی یہ شعاعیں دھاتی تکڑے میں سے گذرنے کی صلاحیت نہیں رکھتیں۔ اس نے ایک دھاتی کنجی کا عکس حاصل کیا اور اتفاقاً جب شعاؤں کی آڑ میں اس نے اپنا ہاتھ رکھ دیا تو اسے اپنے ہاتھ کی ہڈیوں کا عکس دکھائی دیا۔ یہیں سے ان شعاؤں کی اہمیت بڑھی۔ چونکہ ان شعاؤں کو سب سے پہلے رانجن نے دریافت کیا تھا لہذا اس کے اعزاز میں ایک عرصہ لاشعاعوں کو رانجن شعاعیں کہا جاتا رہا۔ تاہم آج یہ ایکسرے کے نام سے انسانی زندگی کی اہم خدمات انجام دی رہی ہیں۔ زمانہ گذرنے کے ساتھ ساتھ سائنس دانوں نے ان شعاؤں کے مزید خواص اور استعمالات دریافت کئے۔ لاشعاعیں خط مستقیم میں سفر کرتی ہیں۔ یہ شعاعیں روشنی کی رفتار یعنی 3x108 میٹر فی سیکنڈ کی رفتار سے سفر کرتی ہیں۔ یہ شعاعیں مقناطیسی یا برقی میدان سے منحرف نہیں ہوتیں یہ شعاعیں زنک سلفائیڈ جیسی اشیاء پر پڑتی ہیں تو چمک پیدا کرتی ہیں۔ یہ شعاعیں جن گیسوں سے گذرتی ہیں ان میں روانیت پیدا کرتی ہیں۔ یہ شعاعیں ایسے مادے سے گذرتی ہیں جن میں سے

عام روشنی نہیں گذر سکتی یہ فوٹوگرافی تختیوں کو متاثر کرتی ہیں۔ یہ شعاعیں انسانی جسم پر بہت زیادہ دیر تک پڑتی رہیں تو نقصان پہنچاتی ہیں۔ لہذا ریڈیوگرافی مشینوں کے قریب کام کرنے والے کومحتاط رہنا چاہئے ورنہ کینسر کا خدشہ لاحق رہتا ہے۔ لاشعاعین شعبہ طب میں میں ہڈیوں کے ٹوٹنے، گردے کی پتھری کا مقام معلوم کرنے یا جسم میں گولی لگی ہوتو اس کا مقام معلوم کرنے کے لئے مرض دق کی پہچان میں استعمال ہوتی ہیں۔ صنعتوں میں لاشعاعیں چیزوں کی تڑخ یا شگاف کو معلوم کرنے اور دھاتوں میں سوراخ ڈالنے کے لئے استعمال ہوتی ہیں۔ جرائم کی تحقیقات میں لاشعاعیں بہت فائدہ بخش ہیں۔ طیرانگاہوں پر کسٹمز کے عہدیدار ہتھیاروں اور اسمگلنگ کی اشیاء کا پتہ چلانے میں ان شعاعوں سے مدد لیتے ہیں۔ سالمات اور قلموں کی ساخت سمجھنے اور سائنسی تحقیقات میں یہ شعاعیں کارآمد ہیں۔ زمانے کی ترقی کے ساتھ ساتھ ایکسرے مشینوں کی ہئیت میں بھی تبدیلی آتی گئی اور اب پورٹیبل ایکسرے مشین بھی دستیاب ہیں۔ لاشعاؤں کی دریافت پر رانجن کو 1901ء میں طبعیات کا نوبل انعام دیا گیا 1923ء میں اس کا انتقال ہوا۔ رانجن کی دریافت کی جاری رکھتے ہوئے ہنری بیکرل اور میری کیوری وغیرہ نے تابکار اشیاء کے بارے میں تحقیقات کیں۔

رانجن ایک جرمن سائنسدان تھا۔ اس نے جس وقت لاشعاعوں یا ایکسرے کو دریافت کیا تو وہ دراصل کوئی دوسری دریافت میں مصروف تھا ایکسرے کا نام بھی عجیب وغریب وجہ سے پڑا ہے۔ کیونکہ انگریزی میں نامعلوم کے لئے ایکس کا لفظ استعمال کیا جاتا تھا اس لئے ان شعاعوں کا نام ایکس رے پڑ گیا۔ ایکس رے کے دیگر استعمالات کے تعلق سے کہا جاتا ہے کہ وہ کسی چیز میں بائیلوجیکل کیمیکل اور فزیکل تبدیلیاں بھی لا سکتے ہیں۔

☆☆☆

صحرائے عرب میں خوشحالی کا راز

کائنات میں جتنے معلوم سیارے ہیں ان میں کرہ راض ہی وہ واحد سیارہ ہے جس پر پانی اور ہوا کی موجودگی کے سبب نباتاتی وحیوانی زندگی ممکن ہے۔اس بات سے ہم بخوبی واقف ہیں کہ کرہ ارض کا تقریباً70 فی صد حصہ پانی سے ڈھکا ہوا ہے اور بقیہ خشک حصہ بھی مختلف جغرافیائی عوامل کے سبب طرح طرح کی خصوصیات کے حامل خطوں میں بٹا ہوا ہے۔سورج کی کرنیں ترچھی پڑنے کے سبب جہاں قطب شمالی اور قطب جنوبی کا حصہ برفانی ہوکر انسانی زندگی کے لائق نہیں رہا وہیں بارش کے نہ ہونے اور شدید گرمی کے سبب

زمین کے بیشتر علاقے ریگستانوں میں بدل گئے اور وہاں بھی انسانی زندگی محال ہوگئی۔ صرف زمین کے ایسے علاقے جہاں کی آب و ہوا معتدل ہے اور جہاں سردی گرمی اور بارش میں توازن پایا جاتا ہے ویسے علاقے گنجان آبادی کے مرکز بن گئے۔

صحرائی علاقوں میں صرف عرب کا علاقہ ایسا ہے جہاں گذشتہ کئی سو سال سے خوشحالی پائی جاتی ہے اور وہاں انسانی تمدن عروج پر ہے۔ دنیا کے دیگر ریگستانی علاقوں جیسے افریقہ کا صحرائے اعظم اور ہندوستان کے ریگستانی علاقوں میں انسانی زندگی اور تمدن اتنا ترقی یافتہ نہیں جتنا کہ عرب وشام کے ریگستانی علاقوں میں پایا جاتا ہے۔ افریقہ کے ریگستانی علاقے عرصہ سے قحط زدہ ہیں جب کہ عرب کے علاقے سعودی عرب' متحدہ عرب امارات' کویت' یمن' اردن' شام' ایران' عراق میں انسانی آبادیوں میں روزافزوں اضافہ ہوتا جارہا ہے۔ اسلامی تاریخ کی رو سے جب ہم ان علاقوں کی تاریخ پر نظر ڈالتے ہیں تو پتہ چلتا ہے کہ دنیا میں جتنے پیغمبر آئے ان میں بیشتر پیغمبروں کا ظہور ان ہی علاقوں میں ہوا ہے۔

پیغمبر اللہ کے محبوب بندے ہوتے ہیں اور راست خدا تعالی کی تربیت میں ہونے کے سبب وہ گناہوں سے پاک ہوتے ہیں۔ ہر زمانے میں پیغمبروں نے اپنی امتوں کی خوشحالی کے لئے دعائیں مانگی تھیں۔ جنہیں قبولیت کا شرف بخشا گیا۔ لیکن کچھ پیغمبروں کی مانگی ہوئی دعائیں اتنی آفاقی تھیں کہ ان کی دعاؤں کے اثرات اور ثمرات کا فیض آج بھی جاری وساری ہے۔ ایسے ہی ایک پیغمبر حضرت ابراہیمؑ ہیں جن کا ظہور ان ہی عرب کے ریگستانی علاقوں میں ہوا تھا۔ جہاں انسانی زندگی محال تھی۔

حضرت ابراہیمؑ نے اپنی آل اولاد کی دین ودنیا کی آسائش کے لئے اللہ تعالیٰ کے حضور کچھ دعائیں مانگی تھیں۔ جو دربار خداوندی میں مقبولیت کا شرف حاصل کر گئیں اور ان ہی

دعاؤں کا فیض آج بھی صحرائے عرب کے ممالک میں جاری وساری دیکھا جاسکتا ہے۔ ابراہیمؑ نسی کی وہ دعائیں ہیں کہ جن کے ثمرات کا سلسلہ جاری ہے۔ واقعہ یہ ہے کہ حضرت ابراہیم نے اپنی زندگی خدا کی طرف سے عائد کئے گئے امتحانات کی تکمیل میں گذاری اور طرح کے ایک امتحان کے سلسلے میں جب انہیں خدا کی طرف سے حکم ہوا کہ وہ اپنی اہلیہ بی بی ہاجرہ اور نوزائدہ بیٹے حضرت اسمعیلؑ کو عرب کے بے آب وگیاہ ریگستان میں چھوڑ کر چلے جائیں۔ تب اپنی اہلیہ بی بی ہاجرہ اور نوزائید فرزند کی حفاظت اور خدا کی منشاء کے مطابق وہاں آباد ہونے والی بستی کے حق میں خدا کے حضور انہوں نے چند دعائیں کیں۔ حضرت ابراہیمؑ کی یہ مشہور دعائیں قرآن شریف میں سورہ ابراہیم کی آیات ۳۶ اور ۳۷ اور سورہ بقرہ کی آیات ۱۲۶ تا ۱۲۹ میں ذکر کی گئی ہیں۔

حضرت ابراہیمؑ السلام نے اپنے آپ کو عاجز بنا کر سارے عالم کی ضروریات کی تکمیل کرنے والے رب کے حضور پہلی دعاء یہ فرمائی کہ اے میرے رب! اس چٹیل میدان میں تیرے حکم کے مطابق میں نے اپنے اہل وعیال کو لا ڈالا ہے۔ تو اس جگہ ایک شہر آباد فرما تا کہ یہاں کی سکونت میں ان کو وحشت نہ ہو اور ضروریات زندگی بہ آسانی میسر آجائیں' پھر انہوں نے دوسری دعاء یہ کی کہ اس شہر کو امن والا شہر بنا اور مجھ کو اور میرے خاص فرزندوں کو بتوں کی عبادت سے بچائے رکھ۔ اس دعا کی حکمت پر غور کیا جائے تو معلوم ہوتا ہے کہ انسان کی بہتری اور کامیابی کے یہی دو بنیادی اصول ہیں کیونکہ انسانوں کو اگر اپنے رہنے سہنے کی جگہ میں خوف خطر اور دشمنوں کے حملوں سے امن واطمینان نہ ہو تو ان کی زندگی نہ دنیوی اور مادی اعتبار سے خوشگوار بن سکتی ہے۔ اور نہ دینی اور روحانی اعتبار سے اس لئے حضرت ابراہیمؑ السلام نے اپنی اس دعا میں اپنی اولاد کے لئے دنیا کی تمام اہم چیزیں مانگ لیں۔

حضرت ابراہیمؑ علیہ السلام کی یہ دعائیں قبول ہوئیں اور مکہ مکرمہ ایک ایسا آباد شہر بن کرابھرا کہ اس کی اپنی آبادی تو روز افزوں بڑھتی رہی اور خانہ کعبہ کے سبب اطراف عالم کے مسلمان ہر سال وہاں پہنچنے کو بڑی سعادت سمجھتے ہیں۔ حضرت ابراہیمؑ کی دعا سے ہی یہ علاقہ امن وامان والا محفوظ بن گیا اور بیت اللہ شریف کی مخالفت کرنیوالے کسی بادشاہ یا کسی قوم کا اس پر تسلط قائم نہ ہوسکا اور جس کسی نے بھی اس طرح کی کوشش کی وہ نیست ونابود ہوگیا۔ اصحاب فیل کا واقعہ اور ابرہ کا عبرت ناک انجام اس کی سب سے بڑی نظیر ہے۔اس طرح یہ شہر اور علاقہ قتل وغارت گری سے بھی محفوظ رہا۔

زمانہ جاہلیت میں بھی لوگ لاکھ جہالت کے باوجود بیت اللہ اور اس کے ماحول کی تعظیم وتکریم کو اپنانا ہی اپنا فریضہ سمجھتے تھے۔ اور حدود حرم میں قتل وقصاص سے اجتناب برتتے تھے۔ حضرت ابراہیمؑ نے تیسری دعا یہ فرمائی کہ اس شہر کے باشندوں کو پھلوں کا رزق عطا فرما۔ مکہ مکرمہ اور صحرائے عرب کی زمین کسی طرح کی زراعت یا شجر کاری کی متحمل نہ تھی اور نہ وہاں دور دور تک پانی کا نام ونشان تھا۔ اللہ تعالیٰ نے حضرت ابراہیمؑ کی دعا کو قبول کیا اور شہر مکہ اور اس کے اطراف کے علاقے کو ایسا آباد کیا کہ وہاں کی زمین بنجر اور ناقابل کاشت ہونے کے باوجود انوع واقسام کے میوے اور دیگر ضروریات زندگی وافر مقدار میں وہاں دستیاب ہیں۔

حضرت ابراہیمؑ نے اپنی دعا میں ثمرات کا لفظ استعمال کیا۔ جس کے معنی ہر چیز سے حاصل ہونے والی پیداوار کے ہیں۔ چنانچہ آج ہم دیکھتے ہیں کہ نہ صرف پھل اور میوے بلکہ دیگر غلہ اور اجناس چاہے وہ موسمی ہوں یا غیر موسمی سال بھر صحرائے عرب میں واقع ان ممالک کے باشندوں کو حاصل ہیں۔ ان چیزوں کے حصول کے لئے اور انہیں

درآمد کرنے کے لئے بھاری مقدار میں سرمایہ کی ضرورت پڑتی ہے۔ چنانچہ اللہ تعالیٰ نے دعائے ابراہیمی کے زیر اثر اس خطہ کو تیل (پڑول) کی دولت سے مالا مال کردیا۔ پڑول ساری دنیا کی اہم ضرورت ہے۔ چنانچہ تبادلہ کے طور پر دنیا کے ممالک عرب ممالک سے تیل حاصل کرتے ہیں اور اپنے یہاں پیدا ہونے والے اجناس اور تیار ہونے والی مصنوعات ان عرب ممالک کو برآمد کرتے ہیں۔

اس طرح صحرائے عرب میں واقع ان ممالک کی خوشحالی کا سب سے بڑا راز ان ممالک کا تیل کی دولت سے مالا ل ہونا ہے۔ جدید تحقیقات سے پتہ چلا کہ عرب کی سرزمین میں ابھی کافی عرصہ کے لئے تیل کا ذخیرہ موجود ہے۔ اور جب تیل کے یہ ذخائر ختم ہوں گے تو اس کے نیچے سونے کے ذخائر موجود ہیں۔ اس طرح یہ بات ثابت ہے کہ حضرت ابراہیمؑ کی دعا کے اثر سے صحرائے عرب میں واقع ممالک میں خوشحالی رہے گی۔ عرب لوگ ایک عرصہ تک بیرون ملک ماہرین کی خدمات حاصل کرتے ہوئے مختلف شعبوں میں اپنی ضروریات کی تکمیل کرتے تھے۔ لیکن ان کے بچے اب تعلیم کے میدان میں آگے آرہے ہیں اور سائنس و ٹکنالوجی کے میدان میں یہ لوگ خود مکتفی ہو رہے ہیں۔

اس علاقے میں واقع کئی اہم شہر عالمی تجارت کے اہم مرکز ہو رہے ہیں۔ دوبئی کا شمار ان دنوں دنیا کے اہم تجارتی مراکز میں ہوتا ہے یہاں ہر سال منعقد ہونے والا دوبئی شاپنگ فیسٹیول ساری دنیا کے سیاحوں کو اپنی جانب متوجہ کرتا ہے۔ جدہ میں واقع العزیز ایرپورٹ دنیا کی چند ایک بڑی طیران گاہوں میں شمار ہوتا ہے۔ ایام حج کے دوران یہاں اوسطاً ہر منٹ ایک طیارہ اترتا ہے۔ اس علاقے کے لوگوں میں فٹبال کا کھیل پسندیدہ ہے۔ اور یہاں کی ٹیمیں عالمی معیار پر اترتی ہیں۔ ان تمام باتوں کے پیش نظر ہم اس نتیجہ پر پہنچ

سکتے ہیں کہ مقامات مقدسہ کی موجودگی کی برکت اور حضرت ابراہیمؑ کی دعاؤں کے اثرات ہی صحرائے عرب میں واقع ممالک کی خوشحالی کے راز ہیں۔

☆☆☆

زندگی

انسان کو خدا کی طرف سے جو نعمتیں حاصل ہیں۔ان میں سب سے عظیم نعمت زندگی ہے انسان جب عدم سے وجود میں آتا ہے اور شعور کی منزل کو پہونچتا ہے تو اس کے عمل کا وقت شروع ہو جاتا ہے اور مقررہ مدت میں زندگی کے مختلف مراحل طے کرتے ہوئے اس دارفانی سے کوچ کر جاتا ہے۔انگریزی کے مشہور شاعر ڈرامہ نگار شیکسپئر نے اپنی ایک نظم میں بڑی خوبصورتی سے انسانی زندگی کو پیش کیا ہے۔اس کا کہنا ہے کہ یہ دنیا ایک اسٹیج کی طرح ہے جس پر زندگی کا ڈرامہ کھیلا جاتا ہے۔انسان کی پیدائش کے ساتھ

قوس قزح

اس کی زندگی کا ڈرامہ شروع ہو جاتا ہے اور انسان دنیا کے اس اسٹیج پر بچپن، جوانی اور بڑھاپے میں مختلف کردار ادا کرتے ہوئے اس دنیا سے رخصت ہو جاتا ہے اور جاتے جاتے اپنے اچھے اور برے کارناموں کی یادیں چھوڑ جاتا ہے۔ دیکھا جائے تو انسانی زندگی جدوجہد اور عمل سے بھرپور ہے۔ قدرت نے انسان کو پیٹ کی بھوک مٹانے کے لئے، کوشش اور جدوجہد کی تلقین کی۔ اسی جدوجہد سے دنیا کا سارا نظام اور کارخانے بنائے۔ اگر انسان زندہ رہنے کے لئے کوشش اور عمل نہ کرے تو زندگی کا وجود ممکن نہیں۔ انسان کے محنت و عمل سے ہی اس دنیا کی رونق ہے۔ اسی لئے شاعر کہتا ہے۔

عمل سے زندگی بنتی ہے جنت بھی جہنم بھی ☆ یہ خاکی اپنی فطرت میں نہ نوری ہے نہ ناری ہے

انسان زندگی ہمیشہ پھولوں کا سیج نہیں ہوتی اس کی راہ میں مشکلات، مصائب و آلام کے کانٹے بھی ہیں۔ اور ان مشکلوں کو پار کرنے کے بعد جو راحت چین و سکون ملتا ہے اس کا مزہ ہی کچھ اور ہوتا ہے۔ یہ فطرت کا قانون ہے کہ ہر رات کے بعد صبح ہوتی ہے ہر نشیب کے بعد فراز ہوتا ہے۔ اسی طرح ہر مشکل کے بعد آسانیاں آتی ہیں۔ اگر زندگی میں مشکلات نہ ہوں تو انسان کو حقیقی راحت و سکون اور خوشیوں کا مزہ ہی نہیں ملتا تھا۔ زندگی کو ایک جدوجہد اور چیلنج سمجھ کر اسے قبول کرنے والے اور اس کی راہ میں آنے والی دشواریوں کا مقابلہ کرنے والے انسان ہی اس دنیا میں سر اٹھا کر جی سکتے ہیں۔ بے عمل لوگوں کے لئے اس دنیا میں کوئی مقام نہیں ہے اور وہ آنے والے وقت اور زمانے کے ہاتھوں کچلے جاتے ہیں اسی لئے شاعر کہتا ہے۔

چلنے والے نکل گئے ہیں   جو ٹھہرے ذرا کچل گئے ہیں

OOO

انسان کو اپنی زندگی ہنسی خوشی سے گذارنا چاہئے۔ اگر اس کی زندگی میں خوشیاں آئیں تو خود بھی خوش ہونا چاہئے۔ اور دوسروں میں بھی اپنی خوشیوں کو بانٹنا چاہئے۔ اور

خوشی ملنے پر خدا کا شکر ادا کرنا چاہئے ۔خوشی کے ساتھ ساتھ انسان کی زندگی میں غم بھی آتے ہیں۔غم آنے پر انسان کو مایوس نہیں ہونا چاہئے اور نہ ہی لوگوں سے اور خدا سے گلے شکوئے کرنے چاہیں ۔ مشکلات اور غم آنے پر صبر کرنا چاہئے ۔اسی میں انسان کی بھلائی ہے۔دنیا میں جتنی بھی بڑی اور نامور شخصیتیں گذری ہیں ان کے بچپن کے حالات پڑھیں تو معلوم ہوتا ہے کہ انتہائی نامساعد حالات میں انہوں نے امید کا دامن نہیں چھوڑا اور اپنی زندگی کی کشتی کو بھنور سے نکال کر لائے اور رہتی دنیا تک لوگوں کے لئے مثال بن گئے اس لئے انسان کو چاہئے کہ وہ اپنی زندگی ہسنی خوشی اور زندہ دلی سے گذار دے ۔زندگی کو ہنسی خوشی گذارنے کے بارے میں شاعر کہتا ہے کہ

زندگی زندہ دلی کا نام ہے　　　مردہ دل کیا خاک جیا کرتے ہیں

OOO

زندگی ایک امتحان بھی ہے اور یہ دنیا ایک امتحان گاہ ہے ۔اور یہاں کے امتحان میں وہی کامیاب ہوسکتا ہے جو وقت کی قدر کرتے ہوئے زندگی کے مراحل طے کرتا ہے دنیا میں انسان کے سامنے طرح طرح کے امتحان آتے ہیں اسی لئے شاعر کہتا ہے

نہ رہو ہم نشیں یہ جہاں اور ہی ہے　　　یہاں کی رہ امتحان اور ہی ہے

OOO

انسان کو خدا کبھی دولت، صحت اور خوشیاں دے کر امتحان میں ڈالتا ہے تو کبھی ان نعمتوں کو چھین کر امتحان میں ڈالتا ہے۔دولت ملنے پر شکر ادا کرتے ہوئے اور مصیبتوں میں صبر کرتے ہوئے انسان کو زندگی کے اس امتحان میں کامیابی حاصل کرنی چاہئے زندگی میں کچھ لوگ اپنی حدوں کو پار کر جاتے ہیں ۔اور مصیبتوں کا شکار ہو جاتے ہیں۔لیکن عقل مند انسان وہی ہوتے ہیں جو زندگی میں اپنی چادر کی حد تک پیر پھیلانے کی عادت رکھتے ہیں ۔

اسی بات کو سمجھاتے ہوئے مشہور شاعر اکبر الہ آبادی اپنی ایک رباعی میں کہتے ہیں۔

عالم نے یہاں قبول ورد کو جانا
دیکھا دنیا کو نیک وبد کو جانا
عاقل وہ ہے کہ جس نے ہنگام عمل
اپنی قوت کو اپنی حد کو جانا

OOO

زندگی امتحان کی طرح ایک سفر بھی ہے۔ بچہ جب پہلی مرتبہ اس دنیا میں آنکھ کھولتا ہے تو اس کی زندگی کے سفر کا آغاز ہوتا ہے۔ اگر انسان زندگی کے مختلف مراحل میں وقت اور زمانے کے کارواں کا ساتھ دے کر آگے بڑھتا رہے تو وہ زندگی کے سفر کی ہر منزل میں کامیاب ہوسکتا ہے۔ بچپن میں اچھی تعلیم حاصل کرتے ہوئے۔ جوانی میں عملی زندگی کی تیاری کرتے ہوئے۔ اور آگے اپنے خاندان کی کفالت کی ذمہ داری سنبھالتے ہوئے انسان زندگی کی راہیں کامیابی سے طے کرسکتا ہے۔ اس کے لئے انسان کو سستی اور کاہلی چھوڑ کر عمل کے لئے آمادہ رہنا چاہیئے اور کل کا کام آج کر اور آج کا کام ابھی کر کے مقولے پر عمل کرتے ہوئے زندگی گذارنی چاہئے۔ ایسے ہی انسان دنیا میں کامیاب ہوتے ہیں۔ انسانی زندگی کا پہلا سفر موت کی منزل پر ختم ہوتا ہے۔ اور اس کے بعد آخرت کا سفر شروع ہوتا ہے۔ اس کے لئے بھی انسان کو زندگی ہی میں عمل کا توشہ تیار کرنا پڑتا ہے۔ اگر کوئی انسان ریلوے اسٹیشن پر تاخیر سے پہونچے اور ریل جاچکی ہو تو وہ یہ شکائت نہیں کرسکتا کہ ریل اس کو لئے بغیر کیوں چلی گئی۔ اس کے برخلاف اسے وقت پر اسٹیشن پہونچنے کی عادت ڈالنی چاہئے۔ یہی حال زندگی کے مختلف مراحل کا ہے۔ دنیا میں مواقع تو بہت ہوتے ہیں۔ لیکن انہیں اپنے لئے کارآمد بنانے کے لئے انسان کو خود آگے آنا ضروری ہے۔ کچھ لوگوں کے لئے زندگی ایک بوجھ معلوم ہوتی ہے۔

اور وہ زندگی سے فرار حاصل کرنے کے لئے خودکشی کرنا چاہتے ہیں۔لیکن انسان کو یہ جان لینا چاہیئے کہ زندگی خدا کی طرف سے عطا کردہ ایک امانت ہے اور اس میں خیانت کرنے کا انسان کو کوئی حق حاصل نہیں۔اسی لئے انسان کو مشکلات کا ہمت وحوصلہ سے سامنا کرتے ہوئے زندگی کی کشتی کو طوفان سے ساحل تک لانے کی کوشش کرنی چاہئے۔

☆☆☆

آج۔۔۔!

انسانی زندگی میں وقت کی بڑی اہمیت ہے۔ یہ افراد اور قوموں کی زندگی کے عروج وزوال میں اہم رول ادا کرتا ہے۔تاریخ شاہد ہے کہ ہر زمانے میں جن لوگوں اور قوموں نے وقت کی قدردانی کی کامیابی نے ان کے قدم چومے اور اپنے اپنے شعبہ ہائے حیات میں انہوں نے کارہائے نمایاں انجام دئے اور جنہوں نے وقت کی ناقدری کی اور غفلت، سستی اور کاہلی میں اپنی زندگی کے قیمتی ایام برباد کئے وہ وقت کے ہاتھوں کچلے گئے۔ ایسے ہی لوگوں کے لئے شاعر کہتا ہے۔

چلنے والے نکل گئے ہیں   جو ٹھہرے ذرا کچل گئے ہیں

OOO

وقت کی ناقدری کرنے والے زندگی کے ہر شعبہ میں ناکام رہتے ہیں اور غلامی اور محکومی ان کے گلے کا طوق بن جاتی ہے۔ وقت کیا ہے؟ اگر اس سوال کا جواب تلاش کرنا چاہیں تو کئی طرح وقت کے مفہوم کو واضح کیا جا سکتا ہے۔ایک وقت دنیا کا ہے۔ جب سے خالق کائنات نے اپنی قدرت وحکمت سے ''کن'' کی صدا کے ساتھ یہ کائنات تخلیق کی۔ دنیا کا وقت شروع ہو گیا۔ چاند' سورج' ستارے' سیارے سب گردش ایام کے ساتھ وقت کے اس سفر میں اپنے اپنے مقررہ کاموں میں مصروف ہیں جب قیامت قائم ہو گی تب کائنات کے اس وقت کا سفر ختم ہوگا اس دوران دنیا میں انسانوں کی پیدائش واموات کا سلسلہ جاری ہے جو قیامت تک جاری رہے گا۔اسی طرح ایک وقت ایک انسان کا بھی ہوتا ہے۔ جب انسان پیدا ہوتا ہے تب اس دنیا کی امتحان گاہ میں اس کے عمل کا وقت شروع ہو جاتا ہے اور موت کے ساتھ ہی اس کا وقت ختم ہو جاتا ہے۔ ہر سال بڑھتی عمر کے ساتھ برتھ ڈے کا کیک کاٹ کر اپنے یوم پیدائش کی خوشیاں مناتے ہوئے غافل انسان یہ بھول جاتا ہے کہ وہ کھلی ہوا میں رکھے ایک برف کے ٹکڑے کی طرح ہے جو گذرتے وقت کے ساتھ کم ہوتے ہوتے مکمل طور پر گھل جاتا ہے۔ پیدائش کے ساتھ ہی ایک انسان کی مقررہ زندگی سے وقت اور مہلت کم ہوتی جاتی ہے۔اور موت کے ساتھ ہی اس کے وقت اور عمل کا دروازہ بند ہو جاتا ہے۔ برتھ ڈے پارٹیوں کی تائید کرنے والے زندگی اور وقت کے اس فلسفے کی تردید بھی کر سکتے ہیں لیکن حقیقت یہ ہے کہ انسان کی زندگی سے گھڑی کی ٹک ٹک کی صدا کے ساتھ گذرتا وقت کا ہر لمحہ اسے موت کی ابدی نیند کے قریب لے جاتا ہے۔ سمجھدار انسان وہی ہے جو اسے ملنے والے وقت کو غنیمت جانے اور اپنی زندگی کے امتحان میں کامیاب ہو جائے ۔ ایک وقت قوموں کا بھی ہوتا ہے۔جس میں ان کے عروج و زوال کی داستان رقم ہوتی ہے۔ دنیا حوادث سے بھرپور ہے اور وقت خاموش تماشائی

بنا حوادث کو ہوتے دیکھتا ہے۔

وقت کی مناسب تنظیم آج کے تیز رفتار دور میں بے حد ضروری ہے۔آج اکثر لوگ اپنی عدیم الفرصتی کا رونا روتے رہتے ہیں۔ جب بھی دیکھئے کہتے ہیں فرصت نہیں اور وقت کو دیکھئے کہ تیزی سے گذر رہا ہے۔ابھی رمضان گذرا ا تھا پھر رمضان آ گیا پھر چلا گیا ابھی حاجی واپس آئے کہ آئندہ سال حج کی تیاریاں شروع ہو چکی ہیں ۔ قیامت کے قریب وقت کی بے برکتی کو بھی ایک نشانی بتایا گیا ہے۔ وقت کی تیز رفتاری میں انسان اپنے سیل فون تک محدود ہو گئے ہیں۔آج نہ اولاد کو والدین سے ملنے کی فرصت ہے نہ رشتہ داروں کو ایک دوسرے سے ملنے کی اب وہ دن گئے جب کسی مریض کی عیادت کے لئے خاندان بھر کے لوگ آتے تھے۔اب تو شادیاں بھی ٹیلی فون پر ہونے لگی ہیں۔امریکہ میں ایک مصروف نوجوان نے اپنے بیمار بوڑھے باپ کو اولڈ ایج ہوم میں داخل کرادیا تھا اور مہینہ میں ایک دومرتبہ دنیاداری کے لئے باپ سے مل آتا تھا۔کافی دن تک بیٹے کی صورت نہ دیکھ کر بوڑھے باپ نے کسی سے کہلوا بھیجا کہ وہ اس سے ملنا چاہتا ہے۔ بیٹے نے پیغام لانے والے شخص سے کہا کہ میرے باپ کو یہ پھولوں کا گلدستہ دے دینا اور کہنا کہ میں کام میں مصروف ہوں اور اتوار کو آکر ملوں گا۔ پھولوں کا گلدستہ لئے اور مصروف بیٹے کا پیغام لئے جب یہ شخص اولڈ ایج ہوم پہنچا تب تک نوجوان کا باپ دنیا سے گذر چکا تھا۔آنے والے نے اس کے بیٹے کا روانہ کردہ گلدستہ اس کی میت پر رکھ دیا۔یہ کسی کامیاب افسانے کا پلاٹ نہیں بلکہ آج کی اس مصروف ترین دنیا کی ایک حقیقت ہے۔انگریزی کے مشہور ڈرامہ نگار اور شاعر ولیم شکیسپئر نے اپنی مشہور نظم All the World is a Stage میں بڑی خوبصورتی سے دنیا کو ایک تھیٹر سے تشبیہ دی جس کے اسٹیج پر انسان پیدائش سے

لے کر موت تک مختلف کردار ادا کرتا ہے اور بالآخر اس دنیا سے چلا جاتا ہے۔ دنیا کے اس اسٹیج میں انسان پیدائش کے بعد بچپن، جوانی ادھیڑ پن اور بڑھاپے میں کئی کردار ادا کرتے ہیں۔ بچپن میں بیٹا، بیٹی طالب علم جوانی میں ملازمت، شادی، شوہر بیوی پھر اس کے بعد ذمہ دار باپ، ماں، پھر دادا دادی، نانا، نانی اس طرح پیشے کے اعتبار سے بھی ڈاکٹر، انجینئر، استاذ، وکیل، حاکم، منصف، عالم، واعظ غرض انسان کو اپنی زندگی میں کئی کام کرنے پڑتے ہیں۔ اور کئی ذمہ داریاں نبھانی پڑتی ہیں اور انہیں نبھانے کے لئے انسان اپنے وقت کی مناسب تنظیم کرے اور زندگی کے جس مرحلے میں بھی ہو اسے بہتر طور پر انجام دینے کے لئے عزم مصمم کے ساتھ سعی مسلسل کرے تو اسے زندگی اس مرحلے میں کامیابی مل سکتی ہے۔ اس کے لئے انسان کو اپنے ''آج'' کو صحیح طور پر گذارنا ہوگا۔ مقولہ مشہور ہے کہ گیا وقت پھر نہیں آتا۔ اور نہ ہی انسان کی زندگی کی میں ''کل'' آتا ہے کیونکہ آنے والا ''کل'' ''آج'' بن جاتا ہے۔ اگر انسان ''آج'' کا کام ''کل'' پر ڈال دے تو وہ زندگی میں ''آج'' کھو دینے کے سبب آنے والے ''کل'' ترقی کے اعتبار سے ایک دن پیچھے رہ جائے گا۔ اور وہ دو دن کا کام ایک دن میں مکمل نہیں کر پائے گا۔ اس لئے ہر انسان کو اپنے ''آج'' کو بہتر طور پر گذارنا ہوگا۔ کہا جاتا ہے کہ ''کل کا کام آج کر اور آج کا ابھی کر'' اس سے وقت کی قدر بھی ہوگی اور زندگی میں بہتر نتائج بھی حاصل ہوں گے۔

ایک طالب علم کو روزانہ کی اساس پر سال بھر محنت سے پڑھنا ہوگا تب ہی وہ تین گھنٹے کے سالانہ امتحان میں اچھا مظاہرہ کر پائے گا۔ اگر وہ سارا سال لاپرواہی میں گذار دے اور عین امتحان کے وقت پڑھنے کے لئے بیٹھے تو وہ گھبراہٹ میں ملنے والے ''آج'' کے دن بھی صحیح پڑھائی نہیں پڑھ سکے گا اور ناکامی اس کا مقدر ہوگی۔ اکثر خواتین

روزانہ صبح بچوں کو اسکول روانہ کرنے کی تیاری پکوان اور گھر کے دیگر کاموں کے لئے وقت کی کمی کا رونا روتی ہیں اور اکثر بچے بھوکے' شوہر ناراض اور یہ غصہ میں اپنے دن کا آغاز کرتی ہے۔ اگر ایک دن پہلے آنے والے دن کا ٹائم ٹیبل بنالیا جائے اور اس کے مطابق تیاری کرتے ہوئے کام کیا جائے تو پکوان بھی وقت پر ہوگا۔ بچے اور شوہر ناشتہ کر کے ٹفن بھی لے جائیں گے۔ ہوم ورک مکمل کرنے پر بچوں کو ٹیچر سے شاباشی ملے گی اور اچھا ٹفن لانے پر بیوی کی طرف سے شوہر دوستوں سے Compliments حاصل کرے گا۔ یہ اسی وقت ممکن ہے جب خواتین اپنے آج کو بہتر بنائیں گی۔ ہفتہ وار یا مہینہ کی شاپنگ کرنی ہو تو اس کی فہرست پہلے سے تیار کرلی جائے۔ سامان بھول کر دوبارہ چکر لگانے کی نوبت نہیں آئے گی۔ مہینہ کے اخراجات کا بجٹ بنا کر اسی حساب سے خرچ کیا جائے قرض سے بچ سکتے ہیں۔ ٹیلی فون پر کیا بات کرنا ہے پہلے سے پوائنٹس نوٹ کر لئے جائیں' کم وقت میں زیادہ کام کی بات ہوگی۔ ملازمین اپنے کام کی جگہوں پر دوست احباب سے بے کاری کی گپ شپ میں فائلیں Pending میں ڈال دیں تو وہ خود کا اور ملک وقوم کا نقصان کرتے ہیں اساتذہ اپنا نصاب مکمل نہ کریں تو طلباء کا نقصان ہوگا۔ سیاست دان اگر وقت پر رعایا کی خدمت نہ کریں تو ملک وقوم کا نقصان ہوگا۔ یہی حال عبادت کا ہے ہر مسلمان پر دن میں پانچ نمازیں فرض ہیں۔ اگر وہ انہیں وقت پر ادا نہ کریں تو وہ قضاء ہو کر قرض ہو جائیں گی۔ اس طرح دیکھا جائے تو انسانی زندگی کا ہر شعبہ آنے والے ''آج'' کے دن حرکت وعمل چاہتا ہے اگر کسی وجہ سے ہڑتال ہو جائے تو قوم کا ایک دن کا نقصان ہوتا ہے۔ اس لئے ضروری ہے کہ قوم کا ہر فرد حرکت وعمل سے اپنے ''آج'' کو بہتر طور پر گذارے۔ ایک دن کے اپنے مقررہ ٹارگٹ کو مکمل کرنے کی کوشش کرے۔ اگر عمل کا

نشانہ مکمل نہ ہوتو اپنی کوتاہیوں کا احتساب کرے اور ایک نئے جوش اور ولولے کے ساتھ آنے والے ''آج'' کو بھرپور طریقے سے گذارے تب ہی کامیابی انسان کے ہاتھ آسکتی ہے۔ روحانی طور پر پچھڑنے کے باوجود مادی شعبے میں مغربی دنیا اسی ''آج'' کے فلسفے پر عمل پیرا ہوکر ترقی کے زینے پر چڑھ رہی ہے اس لئے مشرق کو بھی چاہئے کہ وہ اس شعر پر عمل پیرا ہو جائیں۔

ہاتھ رکھے ہاتھ پر بیٹھے ہو کیا بے خبر
چلنے کو ہے کارواں کچھ تو کیا چاہئے

☆☆☆

اور کارواں بنتا گیا

زندہ قوم کی یہ علامت ہے کہ اس کے افراد میں حرکت وعمل اور خوب سے خوب تر کی جستجو دکھائی دیتی ہے۔ جب کبھی قوم میں غفلت، سستی، کاہلی، تن آسانی، بے عملی اور سماجی ومعاشرتی برائیاں آنے لگتی ہیں اور قوم زوال پذیر ہونے لگتی ہے۔ تب اسی قوم میں سے کوئی ایک فرد یا افراد اٹھ کھڑے ہوتے ہیں اور ایک ماہر نبض شناس کی طرح وہ قوم کی برائیوں کی جڑ کو تلاش کرتے ہیں۔ اور قوم سے ان برائیوں کو اکھاڑ پھینکنے کی سعی وکوشش

میں لگ جاتے ہیں۔قوم میں اس طرح کے افراد بار بار پیدا نہیں ہوتے بلکہ اس کے لئے ایک زمانہ درکار رہوتا ہے۔ایسے ہی لوگوں کو''انسان'' قرار دیتے ہوئے میرؔ کہتے ہیں۔

مت سہل ہمیں جانو پھرتا ہے فلک برسوں
تب خاک کے پردے سے انسان نکلتے ہیں

ooo

جب ہم اپنی تاریخ پر نظر ڈالتے ہیں تو پتہ چلتا ہے کہ تقریباً آٹھ سو سال کے شاندار ماضی کے بعد مغلیہ سلطنت کو بالآ زوال آ گیا۔اور انگریزوں کا ہندوستان پر مکمل تسلط قائم ہوگیا۔محلوں میں زندگی گذارنے والے خاک چھاننے لگےاور بقول میرؔ۔

دلی میں آج بھیک بھی ملتی نہیں انہیں
تھا کل تلک دماغ جنہیں تخت وتاج کا

مسلم معاشرہ زوال پذیر ہوگیااور ہر طرف بے عملی اور مایوسی چھا گئی۔ایسے میں مسلمانوں کے مسیحا سر سید احمد خان اوران کے رفقاء نے قوم کے زوال کی وجوہات کا پتہ لگایا۔اور علی گڑھ تحریک کے زیر اثر اس وقت کی اہم ضرورت تعلیم اور حرکت وعمل پر زور دے کر زوال پذیر قوم کو سر اٹھا کر جینے کا سلیقہ سکھایا۔ایک عرصہ گذرنے کے بعد آج جب ہم بحثیت قوم اپنی سماجی ومعاشرتی حالت پر نظر ڈالتے ہیں تو ہمیں مایوسی ہوتی ہے۔آج ایک مرتبہ پھر ہم اسی موڑ پر آ گئے ہیں جیسا کہ ۱۸۵۷ء کے بعد کے حالات تھے۔آج ایک طرف مغرب اور دیگر اقوام تعلیم اور حرکت وعمل کو ہتھیار بنا کر ترقی کے زینے طے کر رہے ہیں تو دوسری طرف مسلمانوں کا ایک بڑا طبقہ جہالت' ناخواندگی' بے عملی' توہم پرستی' قدامت پسندی اور بے دینی کے سبب سماجی ومعاشرتی لعنتوں کے جال میں پھنس چکا ہے۔ قرآن شریف اور شریعت محمدیؐ کی حامل اور بھٹکے ہوئے لوگوں کو سیدھی راہ دکھانے کے

منصب پر فائز یہ قوم آج ایک مرتبہ پھر خود رہبری اور رہنمائی کی محتاج ہوگئی ۔قوم کی اس حالت کو اقبال نے یوں بیان کیا تھا۔

منفعت ایک ہے اس قوم کی نقصان بھی ایک
ایک ہے سب کا نبی دین بھی ایمان بھی ایک
حرم پاک بھی اللہ بھی قرآن بھی ایک
کچھ بڑی بات تھی ہوتے جو مسلمان بھی ایک
فرقہ بندی ہے کہیں اور کہیں ذاتیں ہیں
کیا زمانے میں پنپنے کی یہی باتیں ہیں

مسلم قوم کی پسماندگی اور ابتری کی اس حالت میں ضرورت اس بات کی تھی کہ اس قوم کو اس کا منصب عالی بتانے اور اسے خواب غفلت سے جگانے اور عمل کا پیغام دینے کے لئے ایک ’’سرسید ثانی‘‘ پیدا ہو جو علی گڈھ تحریک کی طرح ایک اصلاحی تحریک چلائے اور قوم کی ڈوبتی نیا کو پار لگائے ۔ایسے میں خدا نے حیدرآبادی قوم پر فضل کیا۔اور جناب زاہد علی خان ایڈیٹر روزنامہ سیاست کو یہ توفیق بخشی کہ وہ علی گڈھ تحریک کو ’’سیاست تحریک‘‘ میں بدلیں اور وقت کی اہم ضرورت سمجھتے ہوئے مسلم قوم کو خواب غفلت سے جگاتے ہوئے اس کی سماجی معاشی و معاشرتی بھلائی کے اقدامات کریں۔اپنے والد جناب عابد علی خاں مرحوم کے لگائے گئے پیڑ کو تناور درخت میں بدلنے اور اس کے ثمرات کو قوم و ملت کے افراد میں بانٹتے ہوئے جناب زاہد علی خاں نے روزنامہ سیاست کو ایک سماجی و فلاحی تحریک میں بدل دیا ہے۔تعلیم اور ملازمتوں کے حصول کے لئے تربیت اور رہنمائی کے ذریعہ ایک طرف قوم کی تعلیمی ضرورتوں کی تکمیل میں نمایاں کام ہو رہا ہے تو دوسری طرف ’’ملت فنڈ‘‘ کے قیام سے سماج کے کمزور طبقات کی تعلیمی و دیگر ملی خدمات انجام دی جارہی ہیں ۔

جس میں ڈگری کالج کے کارپس فنڈ کے لئے رقمی منظوری اور غریب و نادار مسلم لاوارث نعشوں کی تجہیز و تکفین کا اہم ملی فریضہ بھی شامل ہے ۔ملت کے لئے تعلیمی میدان میں رہنمائی اور ڈونیشن کے نام پر خانگی کالجوں کی لوٹ مار کے خلاف قلم چلانے اور کامیاب نتائج کے حصول کے بعد مسلم معاشرے سے اسراف کی لعنت کو دور کرنے کا قدم اٹھایا ہے۔ چنانچہ سال ۲۰۰۴ء کی صبح کی پہلی کرن اخبار سیاست کے ذریعہ یہ نوید لے کر آئی کہ ہم اس سال کو اسراف کی لعنت کے خاتمے کا سال کے طور پر منائیں گے۔اور کوشش کریں گے کہ ہر سال ایک لعنت کا خاتمہ کرتے ہوئے ایک دہائی کے اندر ایک مرتبہ پھر ترقی یافتہ قوموں کی صف میں جا کھڑے ہوں گے۔ جناب زاہد علی خان کی اس پہل پر ہم نئی نسل کے نوجوان اور ملت کے سنجیدہ ذہن افراد لبیک کہتے ہیں ۔اور یہ عہد کرتے ہیں کہ آپ کی شروع کردہ یہ تحریک صرف مضامین' تقاریر یا جلسوں تک محدود نہیں رہے گی بلکہ اس پر دامے درمے سخنے اور قدمے عمل ہوگا۔سیاست اصلاحی تحریک کے آغاز سے اب تک لکھے جانے والے مضامین اور اس پر ہونے والے مثبت ردعمل کو دیکھتے ہوئے کہا جاسکتا ہے کہ

دل سے جو بات نکلتی ہے اثر رکھتی ہے
پر نہیں طاقت پرواز مگر رکھتی ہے

اسراف کی لعنت کے خاتمے کے عہد کو قوم کے ہر فرد تک پہونچانے اور اس بات کو عملی جامعہ پہنا کر بہتر نتائج حاصل کرنے کے لئے ضروری ہے کہ ہم اپنا جائزہ لیں اور دیکھیں کہ اسراف کن کن کاموں میں ہو رہا ہے۔اور اس سے بچنے کا طریقہ کیا ہے۔ عموماً اسراف شادی بیاہ کی تقاریب' مختلف عنوانات سے کی جانے والی دعوتوں' زرق برق لباس کی خریداری' مکانات کی آرائش ٹیلیفون اور گاڑیوں کا بے جا استعمال اور دیگر امور

میں ہو رہا ہے۔ جب کبھی اسراف سے بچنے کی بات آتی ہے ہم لوگ اس بہانے کو تاویل کے طور پر پیش کرتے ہیں کہ خدا نے جب نعمتیں دی ہیں تو ان کا اظہار کرتے ہوئے رب کی شکر گذاری کرنی چاہئے۔ لیکن ہم یہ بھول جاتے ہیں کہ دولت' طاقت' عزت اور شہرت کی شکل میں خدا کی طرف سے عطا کردہ یہ نعمتیں خدا کی امانت ہیں۔ اور ان نعمتوں میں ہمارے علاوہ ان لوگوں کا بھی حصہ ہے۔ جو ان سے محروم ہیں۔ مال کے بارے میں روز جزا کے دن پوچھا جائے گا کہ مال کہا سے کمایا تھا اور کہاں خرچ کیا انسان کو یہ تلقین کی گئی ہے کہ اگر وہ نعمتوں سے محروم رہے تو صبر کرے اور نعمتیں ملیں تو ان میں ضرورت مندوں کو بھی شامل کرتے ہوئے خدا کا شکر گذار بندہ بنے۔ جب یہ بات سمجھ میں آجائے تو اسراف سے بچنے کا ہمارا مسئلہ بہت حد تک حل ہو سکتا ہے۔ اسلام کے نظام زکوۃ کو ہی لے لیجئے۔ اگر مسلمانوں کا دولت مند طبقہ صحیح حساب کرتے ہوئے زکوۃ نکالے تو مسلمانوں کی غریبی بہت حد تک دور ہو سکتی ہے۔ اسراف سے بچنے کے سلسلے میں دوسری اہم بات ضروریات اور تعیّشات میں فرق کرنے کی ہے۔ آج دولت کی فراوانی کے سبب ہم نے ہر تعیش کو ضرورت بنالیا ہے۔ آج ہمارے بیشتر نوجوان بلا ضرورت سیل فون اور بائیک گاڑیوں کے شوق میں اپنے والدین کی بیش قیمت دولت لٹا رہے ہیں۔ سامان تعیش کو ضرورت کے طور پر استعمال کرنے سے ہی اسراف کی لعنت کا آغاز ہوتا ہے۔ اس لئے ہمیں قرآن و حدیث کے احکامات اور حضور اکرم ﷺ کے اسوۃ حسنہ کی روشنی میں یہ طے کرنا ہے کہ پچاس ساٹھ سال کی مسافرانہ زندگی میں ہماری ضروریات کیا ہیں اور تعیّشات کیا ہیں۔ علم دین کی کمی اور خوف خدا سے دوری کے سبب آج مسلمانوں کا ایک بڑا طبقہ اسراف کی لعنت میں ڈوبا ہوا ہے۔ اسراف کی لعنت کو دور کرنے کے لئے سب سے پہلے ہمیں شادی بیاہ اور دیگر دعوتوں

سے اسراف کوختم کرنے کی ضرورت ہے۔آج ہم اکیسویں صدی میں قدم رکھ چکے ہیں۔ لیکن جاگیردارنہ نظام کے سلاطین نوابوں اور امراء کے قائم کردہ شاہانہ طور طریقے رفتہ رفتہ آج متوسط طبقہ اور عوام میں اس طرح سے رچ بس گئے ۔ ہیں کہ ان سے چھٹکارہ پانا ناممکن دکھائی دے رہا ہے۔تقاریب میں انواع واقسام کے پکوان ۔ویڈیوگرافی' زیورات وقیمتی لباس کی رونقیں اور دیگر غیر ضروری رسومات پر ہورہے خرچ کی تفصیلات ہر خاص و عام کو معلوم ہیں۔متوسطہ طبقہ کے لوگ ان تقاریب سے متاثر ہوکر پریشان ہوتے ہیں اور سماج میں دیکھا دیکھی کرنے کی عادت اور ناک اونچی رکھنے اور وضع داری کی برقراری میں لوگ مقروض ہوکر بھی اس طرح کی ظاہری آن بان دکھانے پر مجبور ہیں۔ جب کہ یہ صریح اسراف ہے۔اوراس لعنت کو دورکرنے کی عادت ڈالنے کے لئے ایک مرتبہ پھر ہمیں طبقہ امراء کی طرف رجوع ہونا پڑے گا اور یہ کہتے ہوئے کہ ''درد بھی تم ہی نے دیا تھا اب دوا بھی تم ہی دو'' کے مصداق اسراف کو دور کرنے کی ذمہ داری عام آدمی کے ساتھ امراء' نوابوں' سماج کی سربرآوردہ شخصیات سیاست دانوں اور واعظین پر عائد ہوتی ہے اور انہیں پہل کرتے ہوئے اپنی تقاریب اور دعوتوں میں بادل نخواستہ ہی سہی قوم کی اصلاح کی خاطر سادگی کا عملی نمونہ پیش کرنا ہوگا۔ورنہ اقبال کے بموجب۔

واعظ قوم کی وہ پختہ خیالی نہ رہی
برق طبعی نہ رہی شعلہ خیالی نہ رہی
رہ گئی رسم اذاں روح بلالی نہ رہی
فلسفہ رہ گیا تلقین غزالی نہ رہی

بڑے لوگ اگر سادگی اپنانے لگیں اور ان کی سادہ تقاریب کے چرچے عوام میں

ہونے لگیں تو نقالی کی عادت والی ہماری قوم سے امید ہے کہ اس کی دعوتوں میں بھی اسراف سے پرہیز ہونے لگے گا۔اس طرح کی سادہ تقاریب کا چرچا اخبارات کے ذریعہ کرایا جائے ۔اسراف والی دعوتوں کا خاموشی سے بائیکاٹ کیا جائے ۔ جہاں تک محلّہ داری سطح پر اصلاح معاشرہ کمیٹیوں کے قیام کا معاملہ ہے میری ناقص رائے یہ ہے کہ شہراور ضلع کی سطح پر ملت کا درد رکھنے والے اصحاب کی ایک کمیٹی بنائی جائے ۔اور شہر میں محلّہ کی سطح پر کمیٹیاں قائم کی جائیں ۔ یہ لوگ مساجد' کمیونٹی ہال اور کسی ایک فرد کے گھر میں ہر ہفتہ یا پندرہ دن میں جائزہ اجلاس منعقد کریں۔کسی کے گھر شادی طے ہونے کی تقریب کے انعقاد کی اطلاع پر لڑکے اور لڑکی کے گھر کے ذمہ دار احباب سے مل کر رسومات کو ترک کرنے کی پر خلوص اپیل کریں ۔اپیل کرنے والے خود مثال بن کر اپنی تقاریب سادگی سے کریں۔ پکوان میں کم خرچ کریں۔نکاح کی تقریب میں کھانے کی روایت کو بالکل ختم کرتے ہوئے مسجد میں نکاح اور مختصر چائے' شربت کا رواج شروع کرنا چاہیئے ۔اضلاع میں حج کمیٹی کے افراد یہ کام انجام دے سکتے ہیں۔نظام آباد میں شرعی کمیٹی اچھا کام کر رہی ہے۔عادل آباد میں بھی اسراف سے بچنے کے اقدامات ہو رہے ہیں اس طرح اس تحریک کو وسعت دی جاسکتی ہے۔اور بہتر نتائج حاصل کئے جاسکتے ہیں۔

اگر مسلمان اپنی دینی اہمیت کو سمجھیں اور تھوڑی سی کوشش کریں تو وہ اسراف جیسی لعنت سے چھٹکارہ پاسکتے ہیں ۔اور جناب زاہد علی خان کی تحریک کو کامیاب بناتے ہوئے یہ کہہ سکتے ہیں۔

میں اکیلا ہی چلا تھا جانب منزل مگر
لوگ آتے گئے اور کارواں بنتا گیا

☆☆☆

بچوں کی بہتر نگہداشت

بچے ہمارے گھر کے چراغ اور مستقبل میں قوم کا اثاثہ ہوتے ہیں۔ وہ ایک باغ کے خوش نما پھول کی طرح ہوتے ہیں۔ آج کے بچوں کو دیکھ کر ہم کل کی قوم کا اندازہ کر سکتے ہیں اسی لئے بچوں کی بہتر تربیت و نگہداشت میں قوم کی ترقی کا راز مضمر ہے۔ ماں کی گود بچے کی پہلی درسگاہ ہوتی ہے۔ بچے اپنا زیادہ تر بچپن ماں کے ساتھ گزارتے ہیں۔ چنانچہ ایک بچے کی پرورش میں ماں کا رول بہت اہم ہوتا ہے۔ بچے کی صحت کا انحصار اچھی غذا پر ہوتا ہے۔ چھوٹے بچوں کے لئے ماں کا دودھ ہی سب سے بہتر غذا ہوتی ہے۔ ماں کے

دودھ میں بچے کی بہتر نشونما کے لئے درکار شکر پروٹین، وٹامن، کیلشیم وغیرہ کی وافر مقدار موجود ہوتی ہے۔ چار تا چھ ماہ تک بچے کو صرف ماں کا دودھ ہی پلانا چاہیئے۔ ڈبے کا دودھ ماں کے دودھ نعم البدل نہیں ہوسکتا اسی لئے دودھ کے ڈبوں پر خاص طور سے یہ ہدایت لکھی ہوتی ہے کہ ماں کا دودھ ہی بچے کے لئے بہتر غذا ہے۔ چھ ماہ کے بعد بچوں کو پھلوں کا رس، ترکاریوں اور دالوں کا پانی پلایا جاسکتا ہے۔ بچوں کو زیادہ پکی ہوئی غذائیں نہیں کھلانی چاہیے۔ اس سے وٹامن کم ہو جاتے ہیں اور تغزیہ کے اعتبار سے غذا کی اہمیت کم ہو جاتی ہے۔ بچے اکثر موسمی بیماریوں سردی، کھانسی، بخار، دست وقئے میں مبتلا ہو جاتے ہیں۔ متاثرہ بچوں سے دوسرے بچوں کو دور رکھنے کی کوشش کرنی چاہیئے کیونکہ چھوٹے بچے بیماریوں سے جلد متاثر ہو جاتے ہیں۔ یہ ضروری ہے کہ بچے جس ماحول میں رہتے ہیں وہ صاف وشفاف ہو۔ وہاں خاطر خواہ روشنی اور ہوا کا انتظام ہو۔ اگر قریب میں نالہ ہو یا گندا پانی ٹھہرا ہو تو وہاں مچھر اور مکھیاں پیدا ہوں گی اور یہ بچوں میں دست وقئے اور پیچش کا باعث بنیں گی۔ اطراف کا ماحول کیچڑ اور دھول سے پاک ہونا چاہئے۔ صاف ہوا کے لئے ہر گھر میں درخت اور پیڑ پودے لگانے چاہئیں۔ بچوں کو روزانہ پانی نہلانا چاہئے۔ نیم گرم پانی بہتر ہوتا ہے۔ بچوں کے ناخن، دانت، آنکھ، ناک اور بالوں کی صفائی پر دھیان دینا چاہئے۔ بچے جب بیمار پڑتے ہیں تو انہیں کھانا اچھا نہیں لگتا۔ ایسے بچوں کو زبردستی غذا نہیں دینی چاہئے۔ بچوں کو گندے ہاتھوں سے آنکھوں کو چھونے نہیں دینا چاہیے اور نا ہی پنسل کے کنارے سے، کھانے سے پہلے بچوں کو دونوں ہاتھ صاف دھو کر کھانے کی ترغیب دلانی چاہئے۔ خاندان کے ہر فرد کی اپنی الگ تو ال یا دستی ہونی چاہئے۔ حادثات سے بچنے کے لئے اس بات کا خیال رکھنا چاہیے کہ آگ لگنے والی اشیاء، بلیڈ، چھری، قینچی اور ادویات، گولیاں وغیرہ بچوں کی پہنچ سے دور رہیں بچوں کو جلتے چولہے، گرم ہوتے ہوئے

پانی یا تیل یا تیز دھاردار اوزاروں کے قریب آنے مت دیں بچوں کو وقت پر ٹیکے لگوائیں ماں باپ کی لاپرواہی سے اکثر بچے پولیواور دیگر امراض کا شکار ہوکر زندگی بھر کے لئے معزور ہو جاتے ہیں ۔ ٹیکے کارڈ کے حساب سے لگوائیں اور آئندہ ٹیکہ لگانے کی تاریخ یادرکھنے کے لئے کیلنڈر ہر ماہ دیکھتے رہیں ۔ بچے سادے کاغذ کی طرح اور نازک بیل کی طرح ہوتے ہیں ۔ بچپن میں انہیں جوسکھایا گیا وہ سیکھتے ہیں اور جس جانب موڑا گیا ادھر مڑ جاتے ہیں ۔اس لئے بچوں کو ابتداء ہی سے اچھے عادات اطوار سکھانے چاہیئں ۔ دوسروں کی موجودگی میں کبھی بچوں کو مت ڈانٹئے ۔ بچوں کی ہر فرمائش کے آگے بڑوں کو سرنہیں جھکانا چاہیے ۔ بچوں کوخوفزدہ باتیں کرتے ہوئے نہیں ڈرانا چاہئے اور نہ ہی انہیں زیادہ سزاء دینا چاہئیے اگرانہیں بچپن سے چیزوں سے خوفزدہ کیا جاتا رہے تو بڑے ہوکر وہ ڈرپوک انسان کے طور پر ابھر سکتے ہیں ۔ بچے جب گھر سے باہر نکلتے ہیں تو انہیں سڑک کے کنارے فٹ پاتھ پر چلنے کی ترغیب دینا چاہئے سڑکیں گاڑیاں جانے اور انسانوں کے چلنے کے لئے ہوتی ہیں ۔ بچوں کوسڑکوں پر کھیلنے سے منع کرنا چاہئے گیند لگنے سے راہ گیروں کو چوٹ بھی آسکتی ہے ۔اس بات کا خیال رکھنا چاہئے کہ بچے کہیں زیادہ وقت تک ٹی وی تونہیں دیکھ رہے ہوں ۔اس سے ان کی بینائی متاثر ہونے اور اخلاق پر برے اثرات مرتب ہونے کا اندیشہ ہے ۔ چھ سال کی عمر تک بچوں کو اپنی ماں کے ساتھ کھیلنے اور بات کرنے کا موقع حاصل ہونا چاہئے ۔ اگراس عمر میں بچے نوکرانی کے ہاتھوں میں پلے بڑھے ہوں تو بچے ماں کی چاہت سے محروم رہ جائیں گے ۔اس سے احتراز کرنا چاہئے ۔ بچوں میں پوشیدہ صلاحیتوں کو اجاگر کرنا چاہئے اوران کی حوصلہ افزائی کرنی چاہئے ۔ یہ ممکن نہیں کہ بچہ راتوں رات ذہین بن جائے ۔ بچوں کو ذمہ داریاں دیجئے ان میں خوداعتمادی اوراپنے آپ پر بھروسہ کرنے کی عادت ڈالنا چاہیے ۔اساتذہ سے اپنے بچوں کی ترقی کے

بارے میں پوچھتے رہیں اگر بچے نصاب کے مطابق آگے نہیں بڑھ رہے ہوں تو انکی خامیاں دور کرنے کا پروگرام بنائیں اوراس پر عمل کریں۔اگر بچے یہ خیال کرتے ہیں کہ ان کا اسکول کافی دور ہے تو انہیں قریبی اچھے اسکول میں شریک کروائیں یا انہیں گھر تا اسکول سفر کی مناسب سہولتیں مہیا کرائیں ۔ بچوں کے لئے نشو ونما ضروری ہے ۔ انہیں وٹامن سے بھرپور غذا دینی چاہیئے۔ بچے فطری طور پر کھیل پسند کرتے ہیں۔اگرآپ کا بچہ کھیلنا نہیں چاہتا تو اس سے زبردستی مت کیجئے۔اگرآپ زبردستی کریں گےتو وہ کھیل سے نفرت کرے گا۔روزانہ بچوں کے ساتھ کچھ نہ کچھ وقت گزاریں بچوں کوصرف تعلیم دیناہی مقصد نہیں بلکہ انہیں بھرپور پرورش کی ضرورت ہوتی ہے ۔ جو والدین کا فریضہ ہے۔ بچوں کو کتابی کیٹرانہ بنائیں ۔سماجی طور پر انہیں دوستوں سے گھلنے ملنے دیجئے۔بچوں کے آپسی جھگڑے میں غیر ضروری مداخلت نہیں کرنی چاہیے۔وہ اپنی غلطیاں محسوس کریں گے۔ اورتھوڑی دیر میں بھول جائیں گے۔اگر جھگڑا مار پیٹ تک پہنچ گیا ہوتو بیچ بچاؤ کے لئے مداحلت کی جاسکتی ہے۔بچوں کے لئے تعریف کا ایک لفظ ان کے لئے بہت کچھ کرسکتا ہے۔ بچوں میں مساوات کا پہلو اختیار کریں۔ایک بچے سے محبت دوسرے سے نفرت‘ دو بچوں میں آپسی رقابت یا ایک بچے میں احساس کمتری کو پروان چڑھاسکتی ہے۔بچوں کو مارتوڑ کر سدھارنے کی کوشش نہیں کرنی چاہیے۔ بلکہ پیار سے ان کے دل جیتنے چاہئیں ۔ بچے کو یہ احساس ہونے دیں کہ اس کی عادتوں کو سب پسند کرتے ہیں ۔ بچوں کے اخلاق خراب ہونے میں ٹی وی کے بے جا استعمال کو بہت زیادہ دخل حاصل ہے۔اگر ماں باپ اس معاملے میں کنٹرول نہیں کرسکتے ہوں تو بہتر یہ ہوگا کہ کم از کم کیبل کنکشن ہی نکالدیں ورنہ ایک دفعہ بچوں میں بری عادتیں آگئیں تو انہیں دور کرنا مشکل ہوگا۔گرمائی تعطیلات بچوں کی دینی واخلاقی تعلیم کے لئے اچھا موقع ہے۔قریبی مراکز سے استفادہ کرتے ہوئے

دینی تعلیم کی بچوں کی ایک اہم ضرورت کو پورا کیا جاسکتا ہے۔ بچے اگر بااخلاق ہوں تو آگے چل کر یہ والدین کا سہارا بنیں گے اور اگر بداخلاق ہوں تو گھر اور سماج دونوں کے لئے نقصان دہ ثابت ہوں گے۔ چنانچہ والدین کے لئے ضروری ہے کہ وہ بچوں کی تربیت میں خصوصی دلچسپی لیں اور انہیں بہتر انسان بننے میں مدد دیں۔

☆ ☆ ☆

صحت ایک عظیم نعمت

زندگی ہمیشہ پھولوں کی سیج نہیں ہوتی۔ مشکلات، مسائل اور جد و جہد کی صورت میں اس کی راہ میں کانٹے بھی ہیں۔ زندگی کو خوش حال اور کامیاب بنانے کے لئے ہم بہت کچھ کرتے ہیں۔ سمجھدار انسان وہی ہے جو کامیاب لوگوں کے تجربات سے فائدہ اٹھاتے ہوئے اپنی زندگی کو خوش حال بنائے۔ ذیل میں صحت کے موضوع پر کارآمد اور مفید باتیں پیش کی جا رہی ہیں اور امید کی جاتی ہے کہ لوگ ان باتوں پر عمل کرتے ہوئے ایک صحت مند زندگی گزاریں گے۔ مقولہ مشہور ہے کہ ''تندرستی ہزار نعمت ہے''۔ بلاشبہ اچھی صحت

انسان کے لئے ایک عظیم نعمت ہے۔خوش قسمت ہوتے ہیں وہ لوگ جو اچھی صحت کے مالک ہوتے ہیں۔ہم سبھی جانتے ہیں کہ اچھی صحت کے بغیر زندگی بے کار ہے تاہم یہ بات بھی اہمیت کی حامل ہے کہ صحت مند رہنے کے لئے ہم کتنی سنجیدہ کوشش کرتے ہیں۔آیئے اب ہم ان غلطیوں کو نہ دہرائیں جن کے سبب ماضی میں ہمیں بیمار ہونا پڑا تھا۔ہم سب روزگار کے حصول کے لئے کوئی نہ کوئی پیشہ اختیار کرتے ہیں۔نئے زمانے کے تقاضوں کو پورا کرنے کے لئے آج کل خواتین کی ایک بڑی تعداد بھی ملازمت یا کسی نہ کسی پیشہ سے وابستہ ہے۔دن بہ دن کام میں مصروف رہنے سے بھی انسان تھکن اور بوریت محسوس کرتا ہے اسے دور کرنے کے لئے ہفتہ میں یا مہینہ پندرہ دن میں ایک مرتبہ قریبی تفریحی مقام کو جانے سے خوشگوار تبدیلی محسوس کی جاسکتی ہے یا کسی پرسکون ماحول میں کچھ وقت گزارنے سے ذہنی بوجھ اور تھکان کم ہوتی ہے۔اور صحت میں بہتری آتی ہے۔صبح جلد اٹھنا اور کچھ دیر کے لئے چہل قدمی کرنا جسم کے ہر حصے کے لئے ایک اچھی ورزش ثابت ہوگا۔

متوازن غذا کھانی چاہئے۔گھر کی عورتوں کو خاندان کے افراد کی صحت پر گہری نظر رکھنی چاہیے۔مصالحہ دار اور چکنائی والی غذائیں مسلسل نہیں بنانی چاہئیں اور نہ بچوں اور بڑوں کو زیادہ کھانے کے لئے اصرار کرنا چاہیے۔ہمیں یہ بات یاد رکھنی چاہیے کہ ہم جینے کے لئے کھاتے ہیں نہ کہ کھانے کے لئے جیتے ہیں جہاں تک ہوسکے تلی ہوئی غذاوں کا استعمال ترک کریں۔ترکاری سے بنائے جانے والے سالنوں میں کم سے کم تیل استعمال کریں۔بہت زیادہ پکے ہوئے پھل نہ کھائیں اس میں شکر کی مقدار کم ہوگی اور اس سے پیٹ کا درد ہوگا۔حد سے زیادہ کھانا وزن بڑھنے کی ایک اہم وجہ ہے۔کھاتے وقت احتیاط برتنے کی ضرورت ہے۔درحقیقت زیادہ کھانا ہی تمام بیماریوں کی جڑ ہے۔لہذا صحت مندی کے لئے اسلام میں

بھی بھوک سے کچھ کم کھانے پر زور دیا گیا ہے۔قبض سے بچنے کے لئے وقت پر کھانا اور وقت پر اجابت جانے کی عادت ڈالنا چاہئے عموماً لوگ موٹا پا پسند نہیں کرتے۔اسے کم کرنے کے لئے کثرت کرنا ضروری ہے ۔اپنے وزن کو تیزی سے کم کرنے کی کوشش نہ کریں بلکہ بتدریج کم کرنا چاہئے روزانہ صبح خالی پیٹ ایک چمچہ شہد میں ادرک کا چھوٹا ٹکڑا ڈال کر کھانا وزن کو موثر طور پر کم کرتا ہے۔وزن کم کرنے کے لئے چہل قدمی اچھی ورزش ہے۔بازار یا دوکان جانا ہو تو گاڑی کے بجائے پیدل جائیں' شہر میں بس سے سفر کر رہے ہوں تو منزل سے ایک اسٹاپ پہلے اتر کر تھوڑا پیدل چل لینا چاہیے۔رات میں جلد سونا اور صبح جلد بیدار ہونا بھی ایک صحت مند عادت ہوتی ہے۔رات میں کم از کم آٹھ گھنٹے کی نیند ضروری ہے بستر انتہائی نرم یا سخت نہیں ہونا چاہیے۔سوتے وقت چائے یا تمبا کو نوشی نہیں کرنی چاہئے۔

ایک پیالی دودھ پینا مناسب ہوگا۔سوتے وقت شور نہیں ہونا چاہئے ۔روشنی مدھم کر دینی چاہئے اور ذہن کو برے خیالات سے پاک کر کے سونا چاہئے۔سوتے وقت ڈھیلا لباس پہنا چاہئے ۔گھر کا ماحول صاف ستھرا اور پرسکون ہونا چاہئے سونے سے قبل لیٹے لیٹے مطالعہ نہیں کرنا چاہئے اور نا ہی رومانی' ڈراونی یا جاسوی کہانیاں پڑھنا یا دیکھنا چاہئے۔تاہم ایسی کتابیں پڑھی جاسکتی ہے جن سے ذہنی سکون حاصل ہوسکتا ہے۔روزانہ مقررہ وقت پر سونے کی کوشش کرنا چاہئے ۔نیند میں کمی سے صحت کو نقصان پہنچ سکتا ہے۔ خالی پیٹ یا زیادہ کھا کر نہیں سونا چاہیے۔شام کے کھانے کے ایک یا دو گھنٹے بعد سونا چاہئے' خواب آور گولیاں کھانا صحت کے لئے انتہائی مضر ہے ایسی مصنوعی نیند کو نیند نہیں کہتے بے خوابی ایک مرض ہے اس پر قابو پانے کے لئے وقت کی پابندی کے ساتھ سونے کی عادت ڈالنی چاہئے ۔ لیٹے لیٹے کھانا یا ٹیلی ویژن دیکھنا بھی بری عادت ہے۔دن کے اوقات میں

سونا بھی صحت مندی کی نشانی نہیں ہے۔اگر صبح جلد جاگے ہوں تو دو پہر کے بعد تھوڑی دیر قیلولہ کر سکتے ہیں۔ یہ سنت ہے۔سگریٹ نوشی' شراب نوشی اور کثرت سے چائے یا کافی پینا بری عادتیں ہیں۔ان سے جتنی جلد چھٹکارہ ممکن ہو اتنا ہی صحت کے لئے مفید ہوگا۔سگریٹ نوشی ترک کرنے میں دشواری پیش آئے تو آہستہ آہستہ ترک کرنے کی کوشش کریں۔

موسم کے اعتبار سے لباس اختیار کریں' گرما میں سوتی کپڑے پہنیں' ریشمی یا سلک کے کپڑے پہننے سے پسینے کی بدبو پیدا ہوتی ہے۔نہانے کے بعد جسم پر ٹالکم پوڈر لگائیں۔ اس سے تمام دن جسم پسینے کی بدبو سے محفوظ رہے گا۔صبح کے اوقات میں سورج کی روشنی میں بیٹھیں اس وقت کی شعائیں صحت کے لئے اچھی ہوتی ہیں۔ روزانہ یا دو دن میں ایک مرتبہ غسل کریں۔بالوں میں تیل لگائیں ہر کھانے کے بعد دانتوں کو صاف کریں۔جسم کی مجموعی صفائی پر توجہ دیں' ظاہری صفائی سے ہی انسان کا باطن بھی صاف ہوتا ہے اسی لئے اسلام میں طہارت و پاکی کو نصف دین قرار دیا گیا ہے۔مقولہ بھی مشہور ہے کہ ایک صحت مند جسم میں صحت مند دماغ ہوتا ہے۔چھوٹی موٹی بیماریوں پر طاقتور جراثیم کش دواؤں کا استعمال نہیں کرنا چاہیئے۔ ہلکا سا بخار نزلہ' زکام' سر کا درد وغیرہ مناسب آرام یا گھریلو چٹکلوں سے دور ہوسکتا ہے۔مرض بڑھ جائے تو فوری ڈاکٹر سے رجوع ہونا ہیے۔غرض صحت کے بارے میں مندرجہ بالا بنیادی امور کو ذہن میں رکھ کر زندگی گزاری جائے تو لوگ ہر ماہ ڈاکٹر کو دیئے جانے والے اچھے خاصے بل اور دواؤں کے اخراجات سے بچ کر ایک صحت مند اور خوش حال زندگی گزار سکتے ہیں۔

☆☆☆

آنکھوں کی حفاظت

آنکھیں قدرت کا عظیم عطیہ اور جسم انسانی میں حواس خمسہ کا اہم جز ہیں۔ آنکھوں کی بدولت ہی انسان دنیا کی رنگینیوں، رونقوں اور حوادث کا مشاہدہ کرتا ہے۔ اپنے کام آسانی سے کرتا ہے۔ اور کتابوں کے مطالعہ سے اپنی زندگی کو خوب سے خوب تر بناتا ہے۔ نا بینا ہونے سے انسان جس قدر معذور ولا چار ہوتا ہے اس قدر جسم کے کسی اور عضو میں نقص کی سبب نہیں ہوتا۔ نابینا شخص کے لئے سب سے بڑی دولت بینائی ہے۔ اسی لئے محاورہ مشہور ہے کہ ''اندھا کیا چاہے دو آنکھ''! آنکھوں کی اہمیت کے باوجود بہت سے

لوگ بچپن اور جوانی میں آنکھوں کے معاملے میں لاپرواہی کرتے ہیں اور بڑھاپے میں طرح طرح کی مشکلات سے دوچار ہوتے ہیں۔ذیل میں آنکھوں کی حفاظت سے متعلق چند کام کی باتیں دی جارہی ہیں۔ چہرے کی خوبصورتی آنکھوں سے ہی ہے لہذا چہرے کو خوبصورت اور زندگی کو خوشگوار بنائے رکھنے کے لئے آنکھوں کی صحت اور نگہداشت پر خصوصی توجہ دینا چاہیے۔کسی ایک جگہ مسلسل دیکھتے نہیں رہنا چاہیے بلکہ آنکھوں کو حرکت میں رکھنا چاہئے۔ پڑھتے وقت کتاب پر راست روشنی نہیں پڑنی چاہیے بلکہ روشنی پیچھے سے ہو۔روشنی کے انعکاس سے آنکھیں چندھیا جاتی ہیں۔اسکولوں میں بھی کمرہ جماعت کے بورڈ پر سورج کی کرنیں نہیں پڑنی چاہئے۔ پلکوں کو طاقت سے نہیں بلکہ نرمی سے بند کرنا چاہئے۔ پڑھتے وقت کتاب کا فاصلہ چہرے سے ایک تا ڈیڑھ فٹ دور ہونا چاہئے۔ ٹیلی ویژن یا کمپیوٹر اسکرین دیکھنا ہوتو کرسی پر سیدھے بیٹھنا چاہیے۔گھنٹوں ٹیلی ویژن دیکھنے سے بینائی کے بہت جلد متاثر ہونے کا اندیشہ ہے۔بچوں کو شیشی سے دودھ پلاتے وقت شیشی کو کپڑے سے ڈھانک دینا چاہئے ورنہ ترچھی آنکھوں سے بچہ اگر شیشی میں دودھ کی سطح دیکھنے کی کوشش کرے گا تو اس کی بینائی متاثر ہوسکتی ہے۔آنکھوں کے اطراف جھریوں سے بچنے کے لئے بات کرتے وقت اور ہنستے وقت آنکھوں کو مناسب مقدار میں کھلا رکھنا چاہئے۔آنکھیں کم کھول کر ہنسنے اور بات کرنے سے جھریاں دکھائی دیتی ہیں۔ گرما میں تیز روشنی سے بچنے کے لئے دھوپ کے چشمے استعمال کرنے چاہئیں۔سورج گرہن کے موقع پر راست آنکھوں سے گرہن کو دیکھنے کی کوشش نہیں کرنی چاہیے۔کیونکہ اس سے نکلنے والی الٹراوائلٹ شعائیں بینائی کو متاثر کرسکتی ہیں۔ایسے مواقع پر سیاہ شیشے ،ایکسرے فلم یا عینک استعمال کرنی چاہیے۔گاڑی کی سواری کے دوران دھول اور کیڑوں

سے بچنے کے لئے بھی چشمے استعمال کرنے چاہئیں ۔تاہم اچھے معیاری چشمے ہی استعمال کریں۔سستے بازاری چشموں کے استعمال سے آنکھوں کو نقصان پہنچنے کا اندیشہ ہے۔بچپن میں اگر بچوں کی بینائی متاثر ہوتو فوراً ڈاکٹر سے رجوع ہو کر عینک کا استعمال شروع کریں۔

بچوں کو وٹامن سے بھرپور غذائیں دینے سے بینائی بہتر ہوسکتی ہے۔ بڑے لوگوں میں بھی جن کو عینک لگ چکی ہو وہ بغیر عینک کے مطالعہ یا ٹی وی دیکھنے کی کوشش نہ کریں۔ورنہ ان کی بینائی مزید متاثر ہوسکتی ہے۔عینک کے گلاس صاف کرتے وقت ایک بھیگا ہوا کاغذ یا کپڑا استعمال کرنا چاہئے۔صاف کرتے وقت یہ دھیان رکھیں کہ گلاس پر لکیریں نہیں آنے پائیں آنکھوں کو دھول اور دھوئیں سے بچانا چاہئے۔آنکھوں میں اگر کوئی ذرہ گرجائے تو آنکھوں کو ملنا نہیں چاہئے۔ بلکہ صاف پانی میں آنکھ کھول کر ذرے کو نکالنے کی کوشش کرنا چاہئے۔

کم روشنی میں مطالعہ نہیں کرنا چاہئے اور نہ ہی گھر میں زیادہ روشنی ہو۔ ٹیوب لائیٹ کی سفید روشنی ٹھنڈی ہوتی ہے۔آنکھوں کی صحت کے لئے وٹامن سے بھرپور غذائیں لینی چاہئے۔ پھل اور ترکاری کھانا چاہئے۔ اور مناسب مقدار میں دودھ پینا چاہئے سورج کی شعائیں وٹامن D کا بہترین ذریعہ ہوتی ہیں۔صبح کے وقت مناسب مقدار میں سورج کی روشنی میں بیٹھنا چاہئے۔لیکن سورج کی کرنوں کو راست آنکھوں میں پڑنے نہیں دینا چاہئے۔ چمکدار آنکھوں کے لئے ہر روز صبح ٹھنڈے پانی سے آنکھوں کو دھونا چاہئے اور سوتے وقت نیم گرم پانی اور پھر ٹھنڈے پانی سے آنکھوں کو دھونا چاہئے۔ آنکھوں میں میل آنا ایک بیماری ہے۔ڈاکٹر سے رجوع ہو کر آنکھوں میں قطروں والی دوا احتیاط سے ڈالنا چاہئے۔آشوب چشم پانی کی خرابی سے پھیلنے والی وبائی بیماری ہے۔ایسے

موقع پر صفائی احتیاط اور مناسب علاج سے کام لینا چاہئے۔آنکھ صاف کرتے وقت انہیں کپڑے سے رگڑنے میں احتیاط برتنی چاہئے۔خمار آور یا سست دکھائی دینے والی آنکھوں میں تازگی لانے کے لئے عرق گلاب اور ٹھنڈے پانی کے محلول کو روئی میں بھگا کر پلکوں پر رکھنا چاہئے۔آنکھوں کی تھکان دور کرنے کے لئے ککڑی کے ٹکڑوں کو کاٹ کر کچھ دیر پلکوں پر رکھنا چاہئے ایسا کرنے سے آنکھوں کو آرام ملتا ہے۔اگر بھنویں پھیل گئی ہوں تو انہیں اکھاڑنے کی کوشش نہیں کرنا چاہئے بلکہ کسی بیوٹی پارلر کے ماہر سے رجوع کرنا چاہئے آنکھوں کی خوبصورتی کے لئے مناسب جڑی بوٹیوں سے بنا معیاری کا جل یا سرمہ لگانا چاہئے۔سنت یہ ہے۔کہ روزانہ سونے سے قبل تین تین سلائی سرمہ لگایا جائے۔اس سے آنکھیں نورانی ہوں گی اور سنت کی ادائیگی کا اجر بھی ملے گا۔انسان کی اخلاقی تربیت میں آنکھوں کا بڑا دخل ہے۔اگر آنکھوں کے ذریعہ مخرب اخلاق مناظر دیکھے جائیں۔بدنگاہی ہوتو اس کے اثرات سے انسان کے اخلاق خراب ہوں گے۔حدیث شریف میں کہا گیا ہے کہ نگاہ شیطان کے تیروں میں سے ایک تیر ہے۔لہذا برے مناظر سے آنکھوں کی حفاظت کی جانی چاہئے۔بعض لوگوں کی آنکھوں میں عیب ہوتا ہے۔اس عیب کو ظاہر کرتے ہوئے لوگوں کے دلوں کو ٹھیس نہیں پہنچانی چاہئے۔غرض آنکھیں قدرت کی طرف سے عطاء کردہ عظیم نعمت ہیں لہذا ان کی حفاظت میں کوتاہی نہیں کرنی چاہئے۔

☆☆☆

بالوں کی دیکھ بھال

جسم کی عمومی صحت ونگہداشت کے ساتھ ساتھ اعضائے جسم کی مناسب دیکھ بھال ونگہداشت انسان کی زندگی کو خوشگوار وخوش حال بناتی ہے۔ جسم کا ایک عضو اگر بیمار ہو جائے تو سارا جسم متاثر ہو جاتا ہے اور انسان بیمار دکھائی دیتا ہے۔ ہر انسان کی خواہش ہوتی ہے کہ وہ خدا کی طرف سے عطاء کردہ چہرہ و جسم کے ساتھ خوب سے خوبصورت دکھائی دے۔ چہرے کی خوبصورتی جس طرح آنکھوں کی نگہداشت پر منحصر ہے اسی طرح سر کی خوبصورتی کا انحصار بالوں کی مناسب دیکھ بھال پر ہے۔ خواتین اپنے بالوں کا سنگھار پسند کرتی ہیں

اور آج کل مرد بھی اپنے بالوں پر توجہ دینے لگے ہیں۔ اچھے اور سجے ہوئے بال چہرے کی خوبصورتی میں چار چاند لگا دیتے ہیں۔ بال قدرت کی طرف سے عطاء کردہ خوبصورت اثاثہ ہیں اور مناسب احتیاط و دیکھ بھال کے ذریعہ انہیں نکھارا جاسکتا ہے۔ بالوں کا بنیادی عارضہ سر میں بفہ کا آنا ہے جس سے بال گرنے لگتے ہیں۔ بفہ دور کرنے کے لئے ریٹھے کا استعمال کرنا چاہئے یا دو انڈوں کی زردی تھوڑے سے پانی میں ملا کر اس محلول کو پانی سے دھلے بالوں میں اچھی طرح ملنا چاہئے۔ تھوڑی دیر بعد بالوں کو گرم پانی سے دھونے سے بفہ دور ہوسکتا ہے۔ سوکھے بالوں کو زیادہ نہیں رگڑنا چاہئے۔ البتہ ان میں برابر کنگھی کرتے رہنا چاہیے۔ صحت منداور خوبصورت بالوں کے لئے وٹامن B12 کی ضرورت پڑتی ہے۔ غذا میں مناسب مقدار میں وٹامن پروٹین اور فولاد لینے سے بالوں کا گرنا کم ہوتا ہے متوازن اور پابند غذا سے اچھے بال آتے ہیں۔ سگریٹ نوشی اور تفکرات بالوں کے دشمن ہیں۔ روزانہ کم از کم 8 گلاس پانی پینا چاہئے۔ اس سے عمومی صحت کے ساتھ ساتھ بالوں کو بھی قوت ملتی ہے صحت مند بالوں کے لئے چربی والی اور زیادہ نمکین اور میٹھی غذائیں کم کرنی چاہئے۔ بالوں کو زرد ہونے سے بچانے کے لئے غذا میں وٹامن B اور پروٹین کی مقدار بڑھانا چاہئے۔ مرغ کا گوشت' دودھ' بکری کا گوشت' پتے والی ترکاریاں اور پھل وغیرہ کھانا بالوں کی صحت کے لئے فائدہ مند ہے۔ شکر' چائے' شراب وغیرہ کا استعمال وٹامن B کو برباد کردیتا ہے۔ شدید گرمی میں سورج کی کرنیں راست بالوں پر پڑنے سے بال سوکھ کر اپنی چمک کھودیتے ہیں بالوں کی جڑوں کو نقصان پہنچتا ہے اور بال گرنے لگتے ہیں۔ بالوں کو راست سورج کی روشنی سے بچانا چاہئے۔ اور خشکی دور کرنے کے لئے زیتون یا بادام کا تیل لگانا چاہئے۔ بالوں میں مالش اور کنگھی احتیاط سے کرنی چاہئے۔

کنگھی برابر کرنے سے بالوں میں ہوا کا بہاؤ مناسب ہوگا جس سے بالوں کی بہتر نشو نما ہوگی۔ بھیگے بالوں میں مالش نہیں کرنی چاہیئے۔ نہاتے وقت زیادہ گرم پانی استعمال نہیں کرنا چاہیئے اس سے بالوں کی جڑوں کو خطرہ ہوسکتا ہے۔ بالوں میں شیمپو لگانے سے قبل چوڑے دانوں والے کنگھے سے بالوں کو اچھی طرح کھول لینا چاہیئے۔ یہ مناسب نہیں کہ ہر وقت الگ الگ قسم کا شیمپو لگایا جائے ہمیشہ ایک ہی قسم کا شیمپو استعمال کرنا چاہیئے جو لوگ روز نہاتے ہیں انہیں صرف ایک مرتبہ ہلکا سا شیمپو استعمال کرنا چاہیئے۔ زندگی کے دیگر شعبوں کی طرح انسان کی زیب وزینت وصاف صفائی کے بارے میں مذہب اسلام نے بھی رہنمایانہ اصول پیش کئے ہیں۔ بالوں کے ضمن میں حضور اکرم ﷺ کا طریقہ اور آپؐ کے ارشادات کا خلاصہ یہ ہے کہ بالوں کے معاملے میں مردوں کو عورتوں کی اور عورتوں کو مردوں کی شباہت اختیار نہیں کرنی چاہیئے۔ مرد وعورت دونوں کے لئے درمیان سے سیدھی مانگ بنانے کا حکم ہے اگر بال سفید ہوں تو حنا مہندی کے استعمال کی تلقین کی گئی ہے۔ زیب وزینت کے لئے بھنویں بنانے سے منع کیا گیا ہے۔ حضور اکرم ﷺ کی عادت شریفہ تھی کہ آپؐ زلف رکھتے تھے۔ کبھی کبھار مکمل سر مونڈ بھی لیا کرتے تھے۔ خواتین کے لئے اپنے بالوں کے ساتھ دوسروں کے بال جوڑنے کی ممانعت ہے۔ البتہ ریشمی یا اونی دھاگے کی چوٹی لگانے کی اجازت دی گئی ہے۔ مسلمان اگر اپنی زندگی میں چھوٹی چھوٹی سنتوں پر عمل کریں تو انہیں سنت پر عمل پیرا ہونے کا ثواب بھی ملے گا اور وہ دوسرں کے لئے صحیح عمل کا نمونہ بنیں گے۔ غرض مندرجہ بالا امور پر عمل کرتے ہوئے بالوں کی مناسب دیکھ بھال کی جاسکتی ہے۔

☆☆☆

احتیاط علاج سے بہتر

محاورہ مشہور ہے کہ احتیاط علاج سے بہتر ہے۔ انسان اپنی روزمرہ زندگی میں طرح طرح کے حادثات سے دوچار رہتا ہے اور خود کو اور خاندان والوں کو پریشانیوں کا سامنا کرنا پڑتا ہے تاہم بیشتر حادثات بداحتیاطی سے وقوع پذیر ہوتے ہیں۔ اگر انسان تھوڑی سی سوجھ بوجھ سے کام لے اور ہر وقت احتیاط کا پہلو ملحوظ رکھے تو وہ بلائے ناگہانی ثابت ہونے حادثات سے بہت حد تک محفوظ رہ سکتا ہے۔ ذیل میں روزمرہ زندگی میں اختیار کئے جانے والے احتیاط کے پہلو بیان کئے جا رہے ہیں۔ بچوں کو تیز دھار والے چاقو، قینچی، دواؤں اور

جلتی آگ سے دور رکھنا چاہئے۔ پانی سے بھرے ٹب کی پہنچ سے بھی بچوں کو دور رکھیں۔ اکثر سننے میں آتا ہے کہ رینگتا ہوا بچہ ٹب میں گر کر یا سمپ میں گر کر غرقاب ہوگیا۔ بچوں کا بخار ناپنے کے لئے تھرمامیٹر اس کے منہ میں نہ رکھیں۔ اگر بچہ تھرمامیٹر دانتوں کے زور سے توڑ دے تو اس میں موجود پارہ بچے کے لئے نقصان دہ ثابت ہوسکتا ہے۔ چھوٹے بچے چھت کی بالکونی سے نیچے دیکھنے کے عادی ہوتے ہیں۔ اگر ایک ڈوری سے انہیں باندھ دیں تو گرنے کا خدشہ نہیں رہے گا۔ گھر کے افراد اکثر بیمار ہوتے رہتے ہیں۔ سردی بخار' نزلہ' کھانسی پیچش وغیرہ کے لئے ضروری ادویات ایک ڈبے میں رکھنا چاہئیں اور دوائیں تاریخ ختم ہونے کے ساتھ بیکار ہوجائیں تو ان کی جگہ دوسری دوائیں رکھ دینا چاہئیں۔ زخمی ہونے یا آگ کی گرمی لگنے کے لئے استعمال ہونے والے ابتدائی طبی امداد کے باکس کو بھی گھر میں تیار رکھنا چاہئے۔ اگر آپ کے پاس کار ہو تو استعمال نہ ہونے کی صورت میں اسے مقفل رکھنا چاہئے۔ کار کو باہر رکھنے کے بجائے گھر کے آنگین یا گیاریج میں رکھنا چاہئے۔ آج کل کار کے پہیوں کی چوری کے واقعات بھی سنے جارہے ہیں۔ اگر آپ گھر سے یا شہر سے باہر جارہے ہوں تو اپنے ساتھ پرس یا جیب میں اپنا نام پتہ فون نمبر وغیرہ لکھا ہوا کاغذ ضرور رکھیں۔ حادثات کی صورت میں اس سے بہت مدد ملتی ہے اپنے گھر کے نوکروں پر کبھی بھی مکمل بھروسہ نہ کریں۔ پہلے وہ آپ کو اعتماد میں لیں گے اور بعد میں موقع پاتے ہی قیمتی زیورات واشیاء چوری کرلیں گے۔

قیمتی سامان کو ہمیشہ مقفل رکھیں۔ آج کل گھر کے ملازم کھانے پینے کی اشیاء بھی چوری کرنے لگے ہیں۔ ان سے چوکنا رہنے کی ضرورت ہے۔ سونے سے قبل یہ اطمینان کرلیں کہ گھر کے تمام بیرونی دروازے بند ہیں یا نہیں بڑے مکانات میں غفلت سے چور گھروں میں داخل ہو جانے کا اندیشہ رہتا ہے۔ اپنی دولت کے بارے میں اپنے

پڑوسیوں اور اجنبیوں کو کبھی نہ بتائیں ورنہ بن بلائے کوئی مصیبت آسکتی ہے۔ کسی دور کے شناسا کو اپنا زیور نہ دیں۔ آج کل زیور بدلنے کی دھوکہ دہی ہو رہی ہے۔ لوگ نمونہ دکھانے کے بہانے زیور لیجا کر اس میں خرد برد کر رہے ہیں۔

اگر کسی کو سگریٹ نوشی کی عادت ہے تو اسے مچھر دان کے اندر بیٹھ کر نہیں جلانا چاہئے۔ اس میں آگ لگنے کا خطرہ رہتا ہے۔ اگر گھر میں چوہے زیادہ ہو گئے ہوں تو انہیں چوہے دان سے پکڑنے کی کوشش کرنی چاہئے۔ کھانے کی اشیاء میں چوہے مار دوا ڈال کر انہیں گھر کے چاروں طرف نہیں ڈالنا چاہئے۔ بعض دفعہ چوہے یہ دوا کھا کر ایسی جگہ ختم ہوتے ہیں جہاں سے انہیں نکالنا دشوار ہو جاتا ہے اور گھر میں بدبو پھیل جاتی ہے۔ اس کے علاوہ چھوٹے بچے دوا ملی اشیاء کھالیں تو ان کی صحت بھی متاثر ہو سکتی ہے۔ رات میں گھر سے باہر نکلنا ہو تو کم از کم گھر کی ایک لائیٹ کھلی رکھیں۔ اس سے چوری کا خطرہ کم رہتا ہے شہری علاقوں اور سنسان سڑکوں پر رات دیر گئے اکیلے نکلنا خطرہ سے خالی نہیں رہتا۔ اگر جانا ضروری ہو تو کسی کو بتا کر جائیں۔ جیب میں زیادہ نقدی یا قیمتی گھڑیاں یا عورتیں ہوں تو زیور پہن کر نہ نکلیں' لوٹ لئے جانے کا خطرہ رہتا ہے۔ اگر کوئی سواری پر لفٹ دینے کی پیشکش کرے تو سوچ سمجھ کر قدم اٹھائیں۔ اگر اکیلی خاتون ٹرین سے سفر کرنا چاہے تو اسے فرسٹ کلاس کے بجائے سکنڈ کلاس کو ترجیح دینی چاہئے جس میں زیادہ لوگ سفر کرتے ہیں اور اکیلے پن کا ڈر نہیں رہتا۔ گھر میں کسی میکانک' الکٹریشن یا مزدور سے کام کرانا ہو تو جان پہچان والوں سے کرائیں اور جب تک کام ختم نہ ہو اس وقت تک اپنے ساتھ گھر کے یا پڑوس کے کسی فرد کو ساتھ رکھیں ورنہ دھوکہ دہی کا خدشہ لگا رہتا ہے۔ بڑے بنگلوں اور گھروں میں اکثر ایک سے زیادہ ملازمین اور خادمائیں کام کرتی ہیں ان کے فوٹو بھی ساتھ رکھ لیں۔ خادموں کے ذریعہ چوری ہو جانے کی صورت میں تفتیش اور تحقیقات میں

سہولت رہتی ہے۔اگر آپ کار سے سفر کر رہے ہوں تو بچوں کو ہمیشہ پچھلی نشست پر بٹھائیں۔حادثہ کی صورت میں ڈرائیور کے قریب رہنا انکے لئے محفوظ نہ ہوگا۔اس کے علاوہ بچے اکثر چپ نہیں رہتے وہ مشین کے ساتھ کچھ بھی چھیڑ چھاڑ کر سکتے ہیں۔زندگی میں اکثر و بیشتر حادثات پیش آتے رہتے ہیں۔ایسے مواقع پر سوچ سمجھ کر اور تیزی سے قدم اٹھانے کی ضرورت پڑتی ہے۔چنانچہ حادثات کے وقت گھبرانا نہیں چاہئے اور اپنے آپ پر قابو پاتے ہوئے مناسب حکمت عملی اختیار کرنی چاہئے۔

☆☆☆

تدبیریں

انسان زندگی میں حادثات سے دوچار ہوتا ہے۔اور زندگی کو محفوظ اور خوب سے خوب تر بنانے کے تجربات حاصل کرتا ہے۔سمجھدار انسان وہی ہے جو ماضی کے لوگوں کے تجربات سے استفادہ کرے اور اپنی زندگی کو بہتر بنائے۔حادثات و تجربات کے ضمن میں کہا جاتا ہے کہ ''اگلا گرا پچھلا ہوشیار'' ذیل میں چند کام کی باتیں پیش کی جارہی ہیں جو زندگی کے کسی نہ کسی موڑ پر لوگوں کے لئے کارآمد ثابت ہوسکتی ہیں۔

گھروں میں آگ لگنے کے واقعات لاپرواہی سے ہوتے ہیں۔ان سے بچنے

قوس قزح

کے لئے ماچس کی ڈبی اور لائٹر بچوں کی پہنچ سے دور رکھیں ۔ اگر آپ محسوس کریں کہ پکوان گیس کی بو آرہی ہے تو ماچس کی کاڑی یا لائٹر نہ جلائیں ۔ کھڑکیاں دروازے وغیرہ کھولدیں اور چولہے اور اس کے پائپ کی جانچ کروائیں ۔ پکوان ختم ہونے کے بعد ریگولیٹر اور چولہے کے ناب کو یاد سے بند کردیں ۔ ریگولیٹر بند کرنے سے گیس کی بچت بھی ہوتی ہے ۔ سلنڈر کو ہمیشہ سیدھی حالت میں رکھیں اور چولہے کو سلنڈر سے اونچائی پر رکھیں ۔ نیچے رکھ کر پکانے سے زیادہ مقدار میں گیس چولہے تک آتی ہے ۔ چولہے میں خرابی پر لا پرواہی نہ کریں اور فوراً میکانک سے رجوع ہوں ۔

کیروسین کا چولہا جلاتے وقت اس میں تیل نہ ڈالیں، ہمیشہ اچھی قسم کا چولہا استعمال کریں ۔ اسٹو پھٹنے کے اکثر حادثات غیر معیاری چولہوں کے استعمال کے سبب ہوتے ہیں ۔ فرش کی صفائی میں زیادہ چمکدار بنانے کی کوشش نہ کریں پھسل کر گرنے کا ڈر رہتا ہے ۔ تیل یا پوڈر گرنے کی صورت میں فوراً صفائی کرلیں ۔

گھر میں شیلف میں عموماً کتابیں رکھی ہوتی ہیں کتابوں کو صفائی سے رکھیں ۔ مہینہ دو مہینہ میں ان کی صفائی کریں ورنہ کتابوں کو دیمک لگ جانے کا خدشہ رہتا ہے ۔ گھر میں میوہ فروشوں، ترکاری فروشوں یا ملازمین کے بچوں کو داخل ہونے نہ دیں، اگر بلائیں تو ان پر گہری نظر رکھیں، جاتے جاتے کوئی بھی چیز اٹھا کر لے جاسکتے ہیں ۔ سڑک پار کرنے میں جلد بازی نہ کریں ۔ شاہراہوں پر زیبرا کراسنگ پر ہی سڑک عبور کریں ۔ اگر سڑک پار کرنے کے دوران کوئی تیز رفتار گاڑی آتی دکھائی دے تو اسے ہاتھ کے اشارے سے سامنے یا پیچھے سے جانے کے لئے کہیں، سڑک پر جھجھک دکھانے سے حادثات ہوسکتے ہیں ۔

زنگ آلود قفل کو کام میں لانے کے لئے قفل میں تیل ڈالنے کے بجائے کنجی کو

تیل لگائیں ۔سلک اور نائیلان کے کپڑوں کو چھاؤں میں سکھائیں ۔المونیم یا پلاسٹک چڑھے ہینگر استعمال کریں۔لوہے کے یا لکڑی کے ہینگر استعمال کرنے سے دھبے آسکتے ہیں ۔اوزار کے ڈبے میں ایک کوئلے کا ٹکڑا رکھیں ۔ یہ آبی بخارات کو جذب کرے گا اور سامان زنگ لگنے سے محفوظ رہے گا۔اگر کوئی بال پن' سیاہی ہونے کے باوجود چلتے چلتے رک جائے تو اسے کسی کانچ کی سطح پر رگڑنا چاہیئے ۔ چلنا شروع ہو جائے گا۔اگر آپ لکھنے کے لئے کسی کو قلم دیں تو قلم کا کیپ اپنے پاس رکھیں ۔لوگ قلم واپس کرنا نہیں بھولیں گے ۔ اگر سامان کو مضبوطی سے باندھنا ہو تو پلاسٹک کی رسی کو گرم پانی میں ڈبو کر باندھیں ۔رسی سوکھنے کے بعد سکڑے گی اور مضبوطی سے بندھ جائے گی ۔اگر لفافے سے اسٹامپ نکالنا ہو تو اسے پہلے پانی میں بھگوئیں۔تھوڑی دیر بعد اسٹامپ آسانی سے نکل آئے گا۔

اگر الارم والی گھڑی کا الارم کم ہو تو گھڑی کو ایک ٹین کے ڈبے میں رکھیں الارم کی آواز زور سے سنائی دے گی ۔جب عطر یا سینٹ کی شیشی ختم ہو جائے تو اسے نہ پھینکیں بلکہ ڈھکن کھول کر خالی شیشی کپڑوں کے درمیان رکھ دیں خوشبو کپڑوں میں آتی رہے گی۔استعمال شدہ چائے کی پتی اور انڈے کے چھلکے پھولوں کے پودوں اور کنڈوں میں لگائے جانے والے پودوں کے لئے اچھی کھاد ثابت ہوتے ہیں۔ پوڈر کے خالی ڈبوں کو نہ پھینکیں ۔اس کے ڈھکن کو کھول کر اسے رنگ دیں اور گلدستہ کے طور پر استعمال کریں۔ناریل کے خول کو صاف کر کے ایشٹرے کے طور پر استعمال کیا جاسکتا ہے۔کسی بھی خالی ڈبے کے اوپری ڈھکن کو کھول دیں اور اسے ٹوتھ برش' قلم پنسل وغیرہ رکھنے کے لئے استعمال کریں۔کپڑے دھونے کے بعد بچے ہوئے صابن کے پانی کو فرش' حمام پلاسٹک کوریا ٹیبل کلاتھ دھونے کے کام میں لائیں۔ بچے ہوئے پانی کو بیت الخلاء میں بہائیں نالیوں میں جھنگر وغیرہ نہیں رہیں گے۔

ڈنڈی ٹوٹ جانے والے برتنوں کو گلدستے کے طور پر استعمال کر سکتے ہیں۔اگر جوتوں کی پالش سوکھ جائے تو اسے نہ پھینکیں اس کا باریک پوڈر بنائیں اور اس میں ٹرپن تیل ملا کر اسے دوبارہ استعمال کے قابل بنائیں۔

پھٹے ہوئے پینٹوں سے غلہ لانے کے لئے چھوٹی بڑی مضبوط تھیلیاں بنائی جاسکتی ہیں۔پھٹی بیڈ شیٹس کے مضبوط حصے سے کھڑکیوں کے پردے بنائے جاسکتے ہیں۔خالی ہونے والی لپ اسٹک کے خانے کو سوئیاں رکھنے کے کام لایا جاسکتا ہے۔ پرانے برقی کے تاروں' کھٹکوں اور دیگر مستعملہ سامان کو ایک ڈبے میں رکھنا چاہئے۔ یہ کسی وقت بھی کام آسکتے ہیں۔ خالی پولی تھین تھیلیوں کو صاف کر کے دوبارہ استعمال کر سکتے ہیں تاہم دواؤں کی تھیلیوں کو دوبارہ استعمال نہ کریں۔اگر آپ کے پاس پرانی چھتری ہو اور اس کے کپڑے میں سوراخ ہوں تو ان پر رنگ برنگے کپڑے چسپاں کیجئے اور چھتری کو باغ کے پھولوں کی طرح خوش نما بنایئے۔ فرنیچر ہٹاتے وقت پائیوں کے نیچے کپڑا باندھ دیجئے' فرش پر لکیریں نہیں آئیں گی۔

گھر کا کچرا ایک ڈبے یا بڑی پالی تھین تھیلی میں جمع کریں اور اسے دن میں ایک مرتبہ صحیح طریقہ سے پھینک آئیں۔ ٹین کے ڈبے میں ایک مقناطیس رکھیں' سوئیاں اس سے چمٹی رہیں گی اور انہیں ڈھونڈنے میں آسانی ہوگی۔ رات میں لائیٹ جانے کی صورت میں موم بتی اور ماچس ڈھونڈنے کی پریشانی سے بچنے کے لئے گھر کے ہر کمرے میں کسی محفوظ جگہ پر ماچس اور موم بتی رکھیں۔ڈھونڈنے میں آسانی ہوگی۔ یہ اور اس طرح کی کئی باتیں روزمرہ زندگی میں ایسی ہیں جو سابقہ لوگوں کے تجربات پر مبنی ہیں۔ انہیں ذہن میں رکھتے ہوئے زندگی کو آرام دہ اور پرسکون بنایا جاسکتا ہے۔

☆☆☆

نونہالوں کے لئے بہتر اسکول کا انتخاب

بچے کی پہلی درس گاہ ماں کی گود ہوتی ہے۔ جہاں وہ ماں کے دودھ کے ساتھ اپنی زبان وتہذیب کے گھونٹ بھی پیتا جاتا ہے۔ابتدائی تعلیم وتربیت کے لئے گھر بچے کو مکمل ماحول فراہم کرتا ہے۔لیکن جب بچہ 3 یا 4 سال کا ہوجاتا ہے۔تب منظّم پیمانے پر تعلیم وتربیت کے لئے اسے کسی اسکول میں شریک کردیا جاتا ہے۔ جہاں بچہ ایک مخصوص ماحول میں تعلیم کے مدارج طئے کرتا ہوا نہ صرف ایک اچھا انسان بنتا ہے بلکہ سماج کا ایک

ذمہ دار شہری بن کر ابھرتا ہے۔ بچے ایک ناتراشیدہ ہیرے کی مانند ہوتے ہیں اور بہتر انداز میں ان کی تعلیم وتربیت کے ذریعہ انہیں انمول ہیرا بنایا جاسکتا ہے۔اس کے لئے والدین پر یہ ذمہ داری عائد ہوتی ہے۔ کہ وہ بچوں کی تعلیم وتربیت کے بارے میں مناسب فیصلے کریں۔ بچوں کو اچھی تعلیم دلانا اوران کی بہتر نگہداشت کرنا والدین کا اولین فریضہ ہے اور اس فریضہ کی بحسن وخوبی ادائیگی کے لئے والدین کو چند امور پر توجہ دینی ضروری ہے۔

ذریعہ تعلیم: آج کل نوے فی صد والدین کی یہ خواہش ہے کہ ان کا بیٹا انگریزی میڈیم میں تعلیم حاصل کرے۔ مزدوری کرنے والے، ترکاری فروش اور کسی آٹو والے سے بھی پوچھئے کہ آپ کا بچہ کونسے میڈیم سے پڑھتا ہے۔تو وہ یہی جواب دیگا کہ میرا بچہ انگریزی میڈیم سے تعلم حاصل کررہا ہے۔لیکن 4 تا5 سال تک اس طرح تعلیم دلانے کے بعد بڑھتے ہوئے تعلیمی اخراجات کی عدم پابجائی یا مناسب تعلیمی ماحول فراہم نہ ہونے کے سبب اس طرح کے بچے اپنی تعلیم ترک کردیتے ہیں۔اس لئے اپنے نونہالوں کو اسکول میں داخلہ دلانے سے قبل ان کے ذریعہ تعلیم کے بارے میں فیصلہ کرنا بے حد ضروری ہے۔ جاپان، چین اور روس جیسے ترقی یافتہ ممالک میں تعلیم مادری زبان میں دلائی جاتی ہے۔لیکن ہندوستان میں مقامی زبان کے ذریعہ حصول تعلیم میں ترقی کے امکانات موہوم ہونے کے سبب یہاں انگریزی ذریعہ تعلیم کو تیزی سے فروغ ہورہا ہے۔

ایک اور وجہ یہاں کے سرکاری مدارس کا گرتا ہوا معیار بھی ہے جہاں مادری زبانوں میں تعلیم کا نظم ہے ماہرین تعلیم کی بھی یہ رائے ہے کہ بچے کی ابتدائی وثانوی تعلیم مادری زبان میں ہو۔اس کے ساتھ ساتھ انگریزی زبان کی تعلیم کا نظم بھی ہو۔اس کے بعد اعلیٰ تعلیم کے لئے انگریزی ذریعہ تعلیم اختیار کرنے میں زیادہ دشواری نہیں آتی ۔ ماہر

نفسیات ڈاکٹر مجید خان اور عثمانیہ یونیورسٹی کے سابق وائس چانسلر ہاشم علی اختر صاحب سے سب ہی واقف ہیں۔ یہ دونوں شخصیتیں اپنے اپنے شعبہ میں ماہر ہیں۔ ان کے تعلیمی کیریئر پر جب ہم نظر ڈالتے ہیں تو پتہ چلتا ہے کہ ان حضرات کی زیادہ تر یا مکمل تعلیم ان کی مادری زبان یعنی اردو میں ہوئی تھی۔ آج کل کے ماحول کو دیکھتے ہوئے یہ مشورہ دیا جا سکتا ہے کہ گھر میں والدین اگر تعلیم یافتہ ہوں اور وہ اپنے بچوں کو مناسب ماحول فراہم کر سکتے ہوں تو انہیں چاہیئے کہ وہ ایسے انگریزی میڈیم اسکولوں میں اپنے بچوں کا داخلہ کروائیں جہاں بحیثیت ایک مستقل مضمون بچے کی مادری زبان بھی پڑھائی جاتی ہو۔

اسکول کا انتخاب: ذریعہ تعلیم طئے کر لینے کے بعد والدین کے لئے یہ مسئلہ کھڑا ہوتا ہے کہ وہ اپنے بچے کا داخلہ کسی اچھے اسکول میں کس طرح کروائیں۔ گذشتہ چند سال سے تعلیم کے شعبہ میں خانگی اداروں نے بہت نام کمایا ہے اور خاص طور سے کرسچین زیر انتظام اسکولس اس معاملے میں کافی آگے نکل گئے ہیں اور ان اسکولوں میں داخلہ ملنا نعمت غیر مترقبہ سے کم نہیں سمجھا جاتا۔ اس طرح کے اسکولوں میں داخلہ کا طریقہ کار ہی جدا ہے۔ یہاں داخلے کے لئے بچہ کا امتحان لیا جاتا ہے اور ذہین بچوں کو منتخب کیا جاتا ہے اس سے دوسرے بچوں کی حق تلفی ہوتی ہے۔ آج کل سالانہ جلسوں کے انعقاد اور ساتویں اور دسویں جماعت کے نتائج کے اشتہارات اخبارات میں شائع کرتے ہوئے اسکول انتظامیہ والدین کو اپنی طرف راغب کرتے ہیں۔ لیکن سمجھدار والدین کو چاہیئے کہ وہ اپنے بچے کا داخلہ کسی اسکول میں کرانے سے قبل یہ دیکھ لیں کہ اسکول کی مسلمہ حیثیت کیا ہے تربیت یافتہ اساتذہ ہیں یا نہیں اسکول کی عمارت تعلیمی سرگرمیوں کے لئے کافی ہوتی ہے یا نہیں اور دیگر تعلیمی مشغولیات فراہم ہیں یا نہیں ۔ ایک اچھا اسکول حسب ذیل

خصوصیات کا حامل ہوتا ہے۔

بہتر تدریسی عملہ : تدریسی عملے کی قابلیت پر ہی اسکول کا معیار منحصر ہوتا ہے۔تمام اساتذہ کے لئے ضروری ہے کہ وہ درکار ٹریننگ کے حامل ہوں۔آج کل بیشتر اسکولوں میں 2 تا 4 تربیت یافتہ اساتذہ ہوتے ہیں۔ جب کہ دیگر اساتذہ دسویں' انٹر پاس یا گریجویٹ ہوتے ہیں جب کہ بچوں کی تدریس کے لئے تعلیم کے ساتھ ساتھ ٹریننگ بہت ضروری ہوتی ہے۔والدین کو چاہئے کہ اپنے بچے کو کسی اسکول میں داخلہ دلانے سے قبل وہاں کے اساتذہ کی تعلیمی قابلیت کا اندازہ لگالیں۔

اسکول کی عمارت : اسکول کی عمارت وسیع اور کشادہ ہو۔کمرہ جماعت کشادہ ہوادار ہوں اور طلبا بغیر کسی دشواری کے 4 تا 5 گھنٹے بیٹھنے کے لائق ہوں۔بچوں کو تعلیم دینے کے لئے انہیں بہتر ماحول فراہم کرنا ضروری ہے۔آج کل نئے قائم ہونے والے اسکولوں میں اس طرح کی سہولتیں مفقود ہوتی ہیں۔کرائے سے عمارتیں حاصل کی جاتی ہیں۔جن میں اسکول کے لئے درکار سہولتیں نہیں ہوتیں۔چھوٹے کمروں میں 60یا70 طلباء کو بٹھایا جاتا ہے جگہ کی تنگی حبس وغیرہ سے ڈسپلن شکنی ہوتی ہے اور طلباء کی تعلیم متاثر ہوتی ہے۔ طلبا کے لئے بہتر فرنیچر کی فراہمی جس میں رائٹنگ ڈیسک بھی شامل ہے۔اسکول انتظامیہ کی ذمہ داری ہے لیکن دیکھا گیا ہے کہ بیشتر اسکولوں میں مناسب بنچ بھی نہیں ہیں۔

پلے گراونڈ : پلے گراونڈ اسکول کے لئے لازمی ہے۔لیکن شہروں میں کھیلنے والے نئے اسکول اس سہولت کے حامل نہیں ہیں۔تعلیم کا نام بچے کا All round Development ہوتا ہے جس میں کھیل لازمی عنصر ہے۔حکومت ایسے مدارس جہاں پلے گراونڈ نہیں ہے ان کے خلاف سخت کاروائی کر رہی ہے۔ اس کے علاوہ ایک اچھے اسکول میں لائبریری'

لیاب اور کمپیوٹر کی سہولتیں ہونی چاہئے۔ چنانچہ والدین کو چاہئے کہ وہ اپنے نونہالوں کو کسی اسکول میں داخل کرنے سے قبل مندرجہ بالا امور ذہن میں رکھ کر کوئی اقدام اٹھائیں۔تب ہی ان کا بچہ بہتر تعلیم سے آراستہ ہوکر اپنے ماں باپ کے خوابوں کی تکمیل کرسکتا ہے۔

☆☆☆

پیام!

حیدرآباد گنگا جمنی تہذیب کا شہر ہے۔اردو یہاں کی نمائندہ زبان ہے۔آج بلاشبہ یہ کہا جاسکتا ہے کہ شہر حیدرآباد سے ساری دنیا میں اردو زبان کی آبیاری ہو رہی ہے۔اردو زبان و ادب کا عظیم ورثہ اب نئی نسل کو منتقل ہو رہا ہے۔کاروان اردو کو آگے بڑھانے والے نئی نسل کے ابھرتے قلم کاروں میں ایک نام محمد اسلم فاروقی بھی ہے۔جنھوں نے اردو ذریعہ تعلیم رائیگاں نہیں جاتی۔ یہ کچھ عرصہ روزنامہ سیاست سے وابستہ رہے۔اردو لکچرار کے عہدے پر تقرر کے بعد پیشہ تدریس اختیار کیا۔اور روزنامہ سیاست کے خصوصی سپلمنٹوں کے لئے معلوماتی مضامین لکھنے لگے۔ یہاں یہ بات قابل غور ہے کہ جب سے روزنامہ ''سیاست'' نے خصوصی سپلمنٹوں کی اشاعت کا آغاز کیا۔اس کے بعد لوگوں میں یہ خیال غلط ثابت ہونے لگا کہ اردو اخبار کی عمر صرف ایک دن کی ہوتی ہے۔لوگ ان خصوصی سپلمنٹوں کو محفوظ کرنے لگے اور ان سے لوگوں کی معلومات میں اضافہ ہونے لگا۔ نئے قلم کاروں کی حوصلہ افزائی ہونے لگی جناب عابد علی خان مرحوم نے ''سیاست'' اخبار کی شکل میں جو پودا لگایا تھا۔اور جناب محبوب حسین جگر مرحوم نے خون دل سے جس کی سینچائی کی تھی آج ایک تناور درخت بن کر قوم وملت کو فیضیاب کر رہا ہے۔اور اپنا تہذیبی ورثہ نئی نسل کو منتقل کر رہا ہے چنانچہ روزنامہ ''سیاست'' کے خصوصی سپلمنٹوں میں شائع ہونے والے

قوس قزح

محمد اسلم فاروقی کے سائنسی، معلوماتی و ادبی مضامین ''قوس قزح'' کے عنوان سے کتابی شکل میں شائع ہو رہے ہیں۔ میں نوجوان مصنف کو مبارکباد پیش کرتے ہوئے اس امید کا اظہار کرتا ہوں کہ مضامین کی افادیت کے پیش نظر اس کتاب کو پسند کیا جائے گا۔

اردو ادیبوں کی کتابوں کی اشاعت میں مالی تعاون کرتے ہوئے اردو اکیڈیمی ابھرتے قلم کاروں کی حوصلہ افزائی کر رہی ہے۔ اکیڈیمی کا یہ اقدام مستحسن ہے۔

زاهد علی خان
ایڈیٹر روزنامہ ''سیاست'' حیدرآباد

20۔اپریل2005ء

ڈاکٹر محمد اسلم فاروقی

کی تصنیف

سائنس نامہ

(اردو میں سائنسی مضامین کا مجموعہ)

شائع ہو چکی ہے